Juni 2017

Ein Paradigma

Fröhliche Wissenschaft 115

Jean François Billeter

Ein Paradigma

Aus dem Französischen
von Tim Trzaskalik

Matthes & Seitz Berlin

I.

1. Wenn ich mich frühmorgens ins Café setze, weiß ich, dass mich niemand stören wird. Ich werde meinen Gedanken folgen können oder mich treiben lassen, geistesabwesend auf die Gespräche der anderen Gäste hörend, und es ihnen – meinen Gedanken – überlassen, sich wieder zu melden.

Wenn ich im Café arbeite, fällt es mir leichter, sitzen zu bleiben. Zuhause bin ich ständig in Bewegung, stehe auf und gehe umher, was ich in der Öffentlichkeit nicht so tun kann. Dieser Zwang ist mir eine Hilfe, er hindert mich daran, mich zu zerstreuen, und macht es mir leichter, Kurs zu halten. Zuhause bin ich von Büchern und Notizen umgeben, von Arbeiten, die auf mich warten, von Briefen, die beantwortet werden wollen, usw., sodass ich ständig dazu verleitet werde, von einer Sache zur anderen zu springen. Im Café habe ich nur ein paar leere Blätter und die mitgenommenen Notizen oder Bücher vor mir.

Ich sondere mich ab, setze aber auch mein Tun in eine gewisse Beziehung zu den Geschäften der anderen Stammgäste – Geschäfte, die ich kenne oder zu kennen glaube. Ich habe auch das Gefühl, an der

Geschichte teilzuhaben, denn die Cafés sind in der Vergangenheit Orte der Freiheit gewesen, in denen Ideen geboren wurden und ihren Lauf nahmen. Ich sehe mich in der Tradition stehen, die vom Café de la Régence, wo sich *Rameaus Neffe* abspielt, bis hin zum Deux Magots führt, wo Sartre *Das Sein und das Nichts* geschrieben hat.

Es ist mir aber ein Bedürfnis, mich noch weiter zurückzuziehen und mich von allen Verpflichtungen zu lösen, auch von denen, die ich mir selbst auferlege. Hier, wo ich nichts besitze, mich jedoch einrichte, indem ich die wenigen Gegenstände, die ich zulasse, auf meinem Tisch zurechtlege, finde ich den Zugang zu mir selbst. Es ist dies ein aristokratischer Genuss.

Habe ich dieses souveräne Wohlbefinden erreicht, bildet sich in mir eine Leere. In ihr taucht nach einer Weile fast immer eine Idee auf. Ich notiere sie, wenn sich das passende Wort findet. Diese Momente sind für mich ganz wesentlich. Um nichts in der Welt möchte ich sie missen. Wenn eine Idee auftaucht und ich sie festhalte, habe ich das Gefühl, dass der Tag, was er danach auch bringen mag, kein sinnloser Tag sein wird.

Diese Momente der Schwebe, des Abwartens, des Lauschens – sind der Anfang aller Dinge. Zeichnet sich eine Idee ab, entsteht in der Leere ein leichtes Kräuseln. Ich schaue aufmerksam hin, um sie zu fassen, sobald sie Gestalt annimmt, bevor sie sich wieder auflöst oder sich mit anderen vermischt. Ich muss rasch und sicher zugreifen, um den Augenblick nicht zu verpassen – dem Reiher gleich, der reglos am Ufer harrt und seine Beute rasch und sicher schnappt, sobald sie auftaucht.

Wenn ich den Gedanken nicht erwischt habe und er sich noch in der Nähe herumtreibt, rege ich mich nicht und warte, bis er wieder auftaucht. Manchmal ist mein Zugriff verfrüht, sodass ich den Gedanken wieder freilasse und warte, bis er ausgeformt wiederkehrt.

Mitunter versuche ich, zwei Ideen, die sich gegenseitig anziehen, deren Beziehung mir aber nicht ersichtlich ist, in ein Verhältnis zu bringen. Früher oder später klärt sich die Beziehung. Sie verbinden sich zu einer neuen Idee oder stoßen sich gegenseitig ab, was ebenfalls lehrreich ist.

Es kommt auch vor, dass ein Gedanke eine Kettenreaktion auslöst, in der sich blitzartig eine ganze Ideenfolge offenbart. Kaltblütigkeit und Ruhe sind da besonders erforderlich. Ich darf mich nicht blenden lassen und muss unmittelbar die paar Wörter aufschreiben, die es mir etwas später erlauben werden, die ganze Kette wiederherzustellen.

Die aufkommenden Ideen sind nicht immer neu, aber auch wenn sie es nicht sind, überraschen und erfreuen sie mich, als ob sie es wären. Es kommt auch vor, dass kein Gedanke auftaucht und dass ich bloß in der wohltuenden Leere verweile, in die ich mich versetzt habe.

Mit der Zeit ist mir dieser Zustand vertraut geworden, ich kann mich leicht in ihn versetzen. Ich halte einfach inne, genauer: lasse das Innehalten geschehen, sich ausweiten, sich vertiefen. So entsteht das große Wohlgefühl, das mit dem Anfang des Denkens so eng verbunden ist.

Wenn ein paar Gedanken entstanden sind und einen passenden Ausdruck gefunden haben, verlasse ich das Café gemächlich. Wenn nicht haste ich ungeduldig anderen Dingen entgegen.

2. Oft sind meine Ideen eigentlich Beobachtungen. Ich beobachte, was vor sich geht. Anstatt mich mit den Problemen auseinanderzusetzen, mit denen sich die Philosophen beschäftigen, konzentriere ich mich auf die Phänomene, die ich selbst beobachten kann: die alltäglichsten, die das »unendlich Nahe und fast Unmittelbare« bilden.[1]

Diese Phänomene sind vor der Sprache da, sie sind von ihr unabhängig. Wenn ich sie beschreibe, muss ich deshalb sehr vorsichtig sein. Es wäre zum Beispiel voreilig zu sagen, es ginge um das Wirken meines *Geistes.* »Geist« bringt eine vorgefasste Idee mit sich, die die Beobachtung nur stören kann. Ich lege auf das unvoreingenommene Beobachten und das Vermeiden vorgebahnter Gedankengänge einen solchen Wert, dass mich wahrscheinlich nur die Leser richtig verstehen werden, die bereit sind, jederzeit ihre Lektüre einzustellen, um sich selbst dem »unendlich Nahen und fast Unmittelbaren« zuzuwenden.

Wird es mir gelingen, anderen sichtbar zu machen, was für mich sichtbar geworden ist? Mitunter zweifle ich daran. Mit der Zeit habe ich eine Betrachtungsweise entwickelt, die mir eigen ist und mein Denken bestimmt – aber ist dieses Denken mitteilbar? Kann es von Lesern verstanden werden, die nicht auf meine Weise im Lauf der Jahre alles neu betrachtet und durchdacht haben? Ist dieses Denken vielleicht ein Wahn, in dem ich mich eingeschlossen habe? Ich möchte annehmen, dass es keiner ist, und versuchen, es in seinen wesentlichen Zügen darzustellen. Ich will es versuchen, weil ich glaube, dass es eine Anzahl philosophischer Probleme löst, an denen Andere gescheitert sind. Ich werde dabei sorgsam vermerken, in welcher Hinsicht mir meine Ideen auch persönlichen Bedürfnissen zu entsprechen scheinen, damit ein jeder beurteilen möge, inwiefern sie auch für ihn gelten könnten.

3. Wie kann ich beschreiben, was im Café vor sich geht? Novalis empfahl folgende Regel: »Bei körperlichen Bewegungen und Arbeiten beobachte man die Seele, bei inneren Gemütsbewegungen und Tätigkeiten den Körper.«[2] Er stellte Körper und Geist noch einander gegenüber. Um diese künstliche Trennung ganz aufzuheben, ziehe ich es vor, die Entstehung der Gedanken dem *Körper* zuzuschreiben. Wenn sie entstehen, ist dieser *Körper* eine Leere. Da die Gedanken in dieser Leere entstehen, ist er eine *aktive* Leere, oder ein *aktiver* Körper. Wenn sie reif sind, übergibt der *Körper* sie dem Bewusstsein, das sich darauf beschränkt, sie in Empfang zu nehmen.

Überlege dir, geschätzter Leser, was du tust, wenn du nach einem Wort suchst. Du hältst inne, bewegst dich nicht mehr, achtest nicht mehr auf die Umwelt. Du bist wie abwesend und bleibst es, bis dir das Wort einfällt. Wie es zu diesem Einfall kommt, entzieht sich dir gänzlich. Der Vorgang bleibt dem Bewusstsein verborgen. Du begnügst dich damit, das Wort aufzufangen, wenn es erscheint, und sofort das unterbrochene Gespräch wieder aufzunehmen. Du überlässt es dem *Körper,* dir das fehlende Wort zu beschaffen.

In dieser Beschreibung verleihe ich dem Wort »Körper« eine neue Bedeutung. Ich verstehe darunter zunächst die Gesamtheit der nicht bewussten Aktivität, von der meine bewusste Aktivität getragen wird und aus der das fehlende Wort oder die neue Idee auftaucht. Wenn ich handle, ist der *Körper* die Gesamtheit aller Kräfte, die mein Handeln speisen und stützen.

Wie aber ist die Beziehung zwischen dem so definierten Körper und dem Bewusstsein zu denken? Sollen wir das Bewusstsein als eine getrennte, begrenzte, hell beleuchtete Sphäre betrachten, die über der im Dunkeln bleibenden Aktivität des Körpers schwebt? Wenn wir genau hinsehen, zeigt sich vielmehr, dass es in unserer Aktivität zwei Bereiche gibt: einen großen, der im Dunkeln bleibt, und einen anderen, kleineren, der sich dank einer ihm eigenen, inneren Leuchtkraft selbst wahrnimmt. Das »Bewusstsein« ist *dieser sich selbst wahrnehmende Teil unserer Aktivität.*[3] Im Gegensatz zum anderen Teil ist er unbeständig. Er ist ein zuweilen ein- und dann wieder aussetzendes Phänomen. Im Tiefschlaf verschwindet er ganz.

Ich stelle mir also meine bewusste Aktivität als einen Teil der allgemeinen Aktivität meines Körpers vor – der selbst nichts ist als Aktivität. Dadurch vermeide ich es, aus dem Bewusstsein ein gesondertes und stetes Phänomen zu machen.[4]

Diese Auffassung löst alle Probleme, die sich aus der traditionellen Gegenüberstellung von Seele und Körper, Geist und Materie, ja sogar (wie wir später noch sehen werden) Bewusstsein und Objekt ergeben. Die Lösung aber beruht keineswegs auf einem gleichsam im Handumdrehen erfolgenden Trick. Sie erlaubt uns vielmehr, durch eine neue Betrachtung unserer gesamten Erfahrung diese alten Gegensätze nach und nach aufzulösen und zu einer neuen Selbstauffassung zu gelangen.

4. Ein Phänomen ist besonders geeignet, die Beziehung zwischen der gesamten Aktivität des Körpers und dem bewussten Teil derselben zu untersuchen: die Geste.

Was geschieht, wenn ich Wasser in ein Glas schenke? Nach der üblichen Vorstellung setzt sich diese Handlung zusammen aus der Absicht, die dem geistigen oder psychologischen Bereich zugeschrieben wird, und der Ausführung, die Sache des Körpers sein soll. Doch beobachte ich die Geste genau, entdecke ich etwas anderes: Ich bemerke, dass Absicht und Ausführung nicht voneinander zu trennen sind. Die Absicht ist schon eine Ausführung und die Ausführung wird bis zum Ende von der Absicht getragen.

Um dieses Zusammenfallen deutlich wahrzunehmen, genügt ein kleines Experiment. Ich bitte dich, geschätzter Leser, diese Geste tatsächlich zu vollführen, mit Karaffe, Wasser und Glas. Vollführe sie anschließend mimisch, ohne Karaffe, Wasser und Glas. Vollführe sie alsdann mimisch, aber auf eine etwas vereinfachte Weise. Vereinfache sie weiter. Skizziere sie nur, bis die skizzenhafte Ausführung am Ende nur noch innerlich geschieht. Von außen ist sie nicht mehr sichtbar, aber du nimmst sie genau wahr, für dich ist sie immer noch eine wirkliche Geste. Du *denkst* sie dir, indem du sie innerlich ausführst – und kannst sie dir nicht denken, ohne sie, sei es fast unmerklich, innerlich auszuführen.

Wenn du jetzt diese Stufen in umgekehrter Reihenfolge durchläufst, wirst du bemerken, dass die innere Wahrnehmung der Geste auf allen Stufen erhalten bleibt. Auf jeder Stufe hast du dank ihr eine innere Vorstellung dessen, was du tust. Wenn du die Geste am Ende wieder praktisch vollführst, mit Karaffe, Wasser und Glas, begleitest du sie von außen mit den Augen und gleichzeitig von innen, als führtest du sie im Dunkeln aus. Die Absicht ist also nicht nur die anfängliche Ursache der Geste, wie wir gemeinhin annehmen. Sie begleitet und trägt die Geste bis zum Schluss.

Dies führt zu einer weiteren Entdeckung: Im Gegensatz zu den *Bewegungen*, die uns von der Natur diktiert werden (zum Beispiel die unwillkürlichen Bewegungen, die ich mache, um einen Sturz zu verhindern), sind unsere Gesten *erlernt.* Wir haben sie uns nach und nach willentlich angeeignet. Jedes Mal mussten mehrere Bewegungen aufeinander abgestimmt werden, um durch ihr Zusammenwirken die Geste zu erzeugen.

Beobachten wir ein Kind, das zum ersten Mal versucht, Wasser in ein Glas zu schenken. Wir verstehen die Schwierigkeiten, mit denen es ringen muss, weil wir sie selbst haben bewältigen müssen. Wir wissen aus Erfahrung, wie aus der Koordination der Bewegungen früher oder später die Geste entsteht. Wir wissen auch, dass dieses Entstehen ein Ereignis ist, ein Anfang. Es ist eine Quelle des Vergnügens und verleiht uns ein Vermögen. Fortan trage ich die Geste in mir und erzeuge sie mühelos wann ich will.

Beobachten wir weiter. Das Abstimmen der Bewegungen ist anstrengend, es erfordert einen besonderen Energieaufwand. Wenn die Bewegungen sich vereinen und die Geste hervorbringen, nimmt der Kraftaufwand ab. Ist die Geste eingeübt, nimmt er noch weiter ab. Die Geste erfolgt dann von selbst. Die bewusste Aktivität, die sich auf das Entstehen der Geste konzentrieren musste, beschränkt sich nun darauf, die Ausführung der Geste zu überwachen. Und je sicherer die Ausführung ist, desto freier wird die bewusste Aktivität. Sie kann sich jetzt von der Geste distanzieren und ihr ein ästhetisches Vergnügen abgewinnen – wie ich es tue, wenn ich mir ein Glas Wein einschenke und den letzten Tropfen mit einer geschickten Drehung des Handgelenks auffange.

Aus diesem Prozess lässt sich anderes ersehen. Mit dem zunehmenden *Können* geht ein wachsendes *Kennen* einher. Ich kenne die Geste, die ich ausführe. Wird sie von anderen ausgeführt, verstehe ich sie, weil ich sie spontan innerlich ausführe. Und dank einer solchen Ausführung stelle ich sie mir vor, wenn jemand von ihr spricht. Durch meine Geste lerne ich auch die Eigenschaften der Gegenstände kennen, deren ich mich bediene, und entdecke dadurch gewisse physikalische Gesetze: Beim Einschenken sind es die Fallkurve des Wassers ins Glas, der leichte Schwung, mit dem ich die Masse des Wassers in Bewegung setze, die Drehung des Handgelenks, mit der ich dem Einschenken ein Ende setze und den Tropfen auffange. Auf solches Kennen gründet sich unsere Kenntnis von der Wirklichkeit – und von uns selbst. Denn je mehr ich meine Gesten meistere, desto freier bin ich, mich innerlich von ihnen zu lösen und sie zu beobachten, *während ich sie vollführe*. Dadurch lerne ich meine eigene Aktivität kennen.

Beobachten wir weiter. In dem Augenblick, da sich meine Bewegungen zu einer Geste vereinen, schlägt etwas um: *Plötzlich handelt der Körper* und bringt sie hervor. Von nun an vereint er alles, was zu ihrem Gelingen beiträgt: Standfestigkeit, Beherrschung des Gleichgewichts, ruhiges Atmen, Koordination von Blick und Armbewegung, richtiges Abwägen der Wassermasse und ihrer Bewegung im Gefäß usw. All dies geschieht in natürlicher Abstimmung und *von unten her.* Der Körper besitzt das Vermögen, natürlich werden zu lassen, was anfangs künstlich war.[5]

Die Geste ist ein Phänomen *sui generis* und spielt in unserem Leben eine zentrale Rolle. Dass die Philosophen ihr kaum Aufmerksamkeit geschenkt haben, liegt vermutlich daran, dass sie uns zu vertraut ist.

5. Die Geste liefert uns ein Paradigma an die Hand: das der *Integrierung.* Die Geste entsteht im Laufe eines Prozesses, den ich »Integrierungsarbeit« nennen möchte, und entwickelt sich danach durch eine zunehmende Integrierung der Aktivität. Das Umschlagen ist ein Moment in diesem Prozess.

Dieses Paradigma erklärt die Entstehung aller Gesten, die wir uns aneignen, von den einfachsten (eine Türe öffnen) bis zu den komplexesten (auf einer Geige eine Melodie spielen).

Bedenken wir dieses letzte Beispiel. Der Geiger hat eine erste Integrierungsarbeit geleistet, als er lernte, wie man den Bogen hält und führt, um Töne zu erzeugen; er hat eine zweite solche Arbeit geleistet, als er sich die Positionen der linken Hand und die Übergänge von der einen zur anderen aneignete; eine dritte, als er es schaffte, das Spiel der linken Hand mit der Bogenführung zu koordinieren, um eine Notenfolge hervorzubringen; eine weitere, als er die Noten zu einem musikalischen Motiv verband, dann zu einer ganzen Melodie und schließlich als aus seinem Spiel Musik entstand.

Wie das immer der Fall ist, schritt diese Integrierungsarbeit von einer Stufe zur nächsthöheren fort. Der Geiger konnte die nächsthöhere erst erreichen, als er die Gesten der vorhergehenden vollkommen, oder zumindest annähernd vollkommen, beherrschte. Er konnte sich der Integrierung der höheren Stufen erst zuwenden, als die Gesten der unteren ganz natürlich und wie von selbst geschahen.

Dieses Fortschreiten nach oben ging einher mit einer zunehmenden Öffnung nach unten. Zu einem gewissen Zeitpunkt entstand in der Tiefe des Körpers eine Rührung. Sie stieg in die Geste, durchdrang und ergriff sie. Wenn sich der Zugang zu dieser Tiefe öffnet, wird der Geiger fähig, die Integrierung zu vollenden und dem Werk als Ganzem eine lebendige Einheit zu verleihen. Die höchste Vollendung seines Spiels ist das Erscheinen des Stils – der Synthese aller seiner verborgenen Potenzen und persönlichen Besonderheiten. Wenn es so weit kommt, sind Natur und Kultur in seiner Aktivität nicht mehr zu unterscheiden. Die »Kultur« der Musik bestünde nicht ohne die »Natur« des Körpers, von der sie getragen und belebt wird. Die »Natur« des Körpers bestünde nicht ohne die »Kultur« der Musik, von der sie geeint und ausgedrückt wird. Es besteht nur noch eine höchstentwickelte Aktivität.

In jeder Phase seines Fortschreitens konzentriert der Musiker seine bewusste Aktivität auf die Integrierungsarbeit der jeweiligen Stufe. Er achtet, so gut er kann, auf die verschiedenen Bewegungen, die es zu vereinen gilt. Wenn die erforderliche Geste entsteht und sie natürlich wird, erstreckt er seine Aufmerksamkeit auf zunehmend ausgedehnte und tiefer liegende Bereiche seiner Aktivität, die sein Spiel nähren werden. Er wird auch mehr und mehr zum Zuschauer seiner eigenen Aktivität. Er *sieht* sie immer besser. Er sieht sie dank einer inneren Distanzierung.

Zu dieser inneren Schau können wir in all unseren Gesten gelangen, aber es fällt uns schwer, uns einen Begriff von diesem Schauen zu machen, weil »schauen« im herkömmlichen Verständnis eine Distanz zum Objekt erfordert. Die Distanzierung, von der hier die Rede ist, hat aber mit räumlicher Trennung nichts zu tun. Sie entsteht aus einer Art innerer Beleuchtung, dank der unsere Aktivität, oder genauer: ein Teil unserer Aktivität sich selbst sinnlich wahrnimmt. Jeder kann dieses Phänomen beobachten, wenn er in sich kehrt. Er muss dazu die Augen schließen, denn das Tageslicht blendet und verhindert diese innere Schau.

Das Fortschreiten des Geigers war ein Beispiel. Das Erlernen der Sprache ist ein anderes. Zum Sprechen mussten wir lernen, unseren Atem zu beherrschen; die Laute unserer Muttersprache zu bilden; sie aneinanderzureihen, um Wörter auszusprechen; den Wörtern einen Sinn zu verleihen; Sätze zu bilden, in Sprachspiele einzufügen und dadurch ihren Sinn zu erfassen; diesen Sinn durch Tonfall, Gesichtsausdruck und Geste zu verdeutlichen; zu verstehen, was uns der Andere sagt, indem wir seine Worte fortlaufend in uns nachbilden; seinen Ausführungen zu folgen, ohne den roten Faden unserer eigenen Gedanken zu verlieren; dank unseres Gedächtnisses zu gegebener Zeit über die notwendigen Angaben zu verfügen usw. Beim Sprechen tun wir all dies gleichzeitig. In unserer Kindheit haben wir diese Fähigkeit durch eine Integrierungsarbeit erworben, die Jahre gedauert hat. Dabei mussten wir dafür sorgen, dass mehr als ein halbes Dutzend Organe zusammenwirken, denen von Natur aus ganz unterschiedliche Funktionen zukommen: Zwerchfell, Lungen, Stimmbänder, Mund, Zähne, Lippen, Zunge und die Ohren, die beim Sprechen die Qualität der hervorgebrachten Laute überwachen. Die Integrierung erlangte stufenweise eine wachsende Komplexität. Auf jeder Stufe konnten wir uns auf eine neue Aufgabe konzentrieren, weil uns die Aktivität auf der vorherigen Stufe keine Anstregung mehr kostete. Die Aktivität, die der Mensch entwickelt, wenn er spricht, ist erstaunlich, vor allem wenn er Dinge ausspricht, die sich, da er spricht, in der Tiefe seines Körpers bilden. Auch in solchen Momenten sind Natur und Kultur in ihm nicht mehr zu unterscheiden.

6. Ich schlage nicht vor, dass man zugunsten dieser neuen Auffassung des Körpers die uns vertrauten Vorstellungen aufgeben soll – denn wir haben ohnehin mehrere solcher Vorstellungen: Wir entnehmen sie bald der Malerei und der Fotografie, bald der anatomischen Beschreibung; bald meinen wir den Körper des Anderen, mit dem sich eine Person, ihre

Gefühle und ihre Absichten uns offenbaren, bald den eigenen Leib, den steten und vertrauten Grund unserer eigenen Existenz. Aus diesen verschiedenen Vorstellungen bilden wir einen zusammengesetzten Begriff, dem wir zudem materielle Gegenständlichkeit und Geschlossenheit zusprechen. Ich schlage vor, diesem verworrenen Begriff einen anderen an die Seite zu stellen: den Körper als eine Aktivität, die sich zeitweise, in unterschiedlichem Maße, selbst wahrnimmt und sich dadurch ihrer selbst bewusst wird.

Dieser Begriff hat mehrere Vorteile. Erstens führt er uns dazu, Momente unserer täglichen Erfahrung, die uns meistens entgehen, wahrzunehmen und miteinander in Beziehung zu bringen. Er erlaubt uns, nach und nach ein zusammenhängendes Bild der Gesamtheit unserer Erfahrung zu gewinnen. Er befreit uns vom Dualismus, der Körper und Seele, Materie und Geist, Objekt und Bewusstsein einander gegenüberstellt. Das vermag er indessen nur, wenn wir bereit sind, uns die *Aktivität* als die allen inneren und äußeren Phänomenen gemeinsame Substanz zu denken. Anders gesagt: wenn wir aus der Aktivität die allgemeinste Kategorie machen und ihr den Platz einräumen, der zum Beispiel dem »Sein«, dem »Dasein« oder der »Materie« zugesprochen worden ist. Solche Grundbegriffe sind schwer zu definieren, aber logisch notwendig. Sie sind wichtig, weil von der anfänglichen Wahl, die wir unter ihnen treffen, das ganze weitere Denken abhängt. »Unter Substanz verstehe ich das, was sich durch nichts anderes als durch sich selbst versteht«, schreibt Spinoza am Anfang der *Ethik*.[6] So verstehe ich die Aktivität.

Doch wenn man diesen Gesichtspunkt einnimmt, so fragst du dich vielleicht, werter Leser – wenn man die gesamte Wirklichkeit als Aktivität auffasst und das Subjekt als Aktivität, die sich zeitweise ihrer selbst und der Außenwelt bewusst wird – verliert man da nicht alle festen Anhaltspunkte? Die alten Anhaltspunkte wanken oder verschwinden, in der Tat, oder sind aufgehoben, solange wir den neuen Gesichtspunkt einnehmen. Aber dies führt uns zu einer neuen Erfassung der Wirklichkeit und zu Anhaltspunkten einer neuen Art: den Gesetzen der Aktivität.

Das Gesetz der Integrierung ist ein solches Gesetz. Es besagt: Eine Eigenschaft unserer Aktivität ist, dass in ihr Integrierungsprozesse stattfinden. Ein weiteres solches Gesetz lautet: Unsere Aktivität verändert sich qualitativ, wenn sie zunehmend integrierte Formen annimmt. Solche Gesetze können uns gleichsam als Navigationsinstrumente dienen.

II.

7. Im Café empfinde ich ein besonderes Glück, wenn eine neue Idee auftaucht und auf einen treffenden Ausdruck stößt. Es ist eine doppelte Befriedigung: Ich entdecke mein eigenes Denken und weiß, dass ich es, dank der Form, die es angenommen hat, für einen künftigen Gebrauch aufbewahre.

In solchen Momenten finden zwei Übergänge statt: von der Idee zur Sprache, von der Sprache zur Schrift. Die Idee ist zunächst eine labile Erscheinung. Die Sprache verleiht ihr eine feste Form und damit eine gewisse Beständigkeit: Ich werde sie wiederfinden, sobald ich mich an diese Form erinnere. Die Schrift garantiert zudem diese Beständigkeit: Dank ihr werde ich die Idee auch dann wiederfinden, wenn mein Gedächtnis mich im Stich lässt. Durch diese doppelte Wandlung wird der Idee Dauer verliehen.

Im Fall der Geste führt die Integrierung hingegen zu einer bleibenden Errungenschaft. Wenn ich mir eine Geste angeeignet habe, besitze ich sie ein für alle Mal. Die Idee entsteht ebenfalls aus einem Integrierungsprozess, läuft aber Gefahr, sich rasch wieder zu verflüchtigen, wenn sie nicht in der

Sprache eine stabile Form findet, die ihrerseits bald verloren geht, wenn sie nicht durch die Schrift gesichert wird. Im Bereich des Denkens ist der Integrierungsprozess auf diese zwei Übergänge angewiesen, um eine dauerhafte Wirkung zu haben.

Durch diesen doppelten Kunstgriff wird auch eine anhaltende Reflexion möglich: Wir können die Ideen, die wir auf diese Weise sichergestellt haben, überprüfen und kombinieren, sie verbessern und durch neue ergänzen – oder besser: neue *entstehen lassen*, denn es ist ja die Aktivität des Körpers, die sie hervorbringt.

Beim Übergang, der von der Idee zur Sprache und zunächst von der Idee zum einzelnen Wort führt, geschieht etwas, das besonders beachtet werden muss: Das Wort verleiht der Idee nicht nur eine mehr oder weniger beständige Form, sondern es *erschafft das Ding*.

Fragen wir uns zunächst, wie sich der Sinn eines Wortes bildet: Er entsteht durch ein Sich-Zusammenfügen – durch Integrierung. Unser Körper, der zahllose Spuren von sinnlichen Eindrücken, Empfindungen, Handlungen, Gesten usw. in sich aufbewahrt, besitzt das Vermögen, sie zu kombinieren und zu vereinen. Durch diese Integrierung bringt er imaginäre Synthesen hervor, die, mit einem Wort gekoppelt, den Sinn des Wortes ergeben. Es sind bei weitem nicht immer kohärente Synthesen. Man denke an die gewöhnliche Bedeutung des Wortes »Körper«, die ich vorhin erwähnt habe: Sie vermengt Elemente, die nur vereint bleiben, weil sie der Obhut ein und desselben Wortes unterstellt sind.

Wie aber entstehen diese *Synthesen*? Das Wort selbst liefert einen Teil der Antwort, denn es stammt von einem griechischen Verb ab, das »zusammenstellen« bedeutet. Es sagt aber nicht, *wie* aus losen Elementen eine Einheit entsteht. Das kann es nicht, denn die Entstehung der einheitlichen Intuition, die wir »Sinn« nennen, ist nicht zu erklären. Wir haben es da mit einem Phänomen zu tun, dem wir nur als Zuschauer beiwohnen können. Gleiches gilt für das Verstehen. Das lateinische Wort für »verstehen«, *comprehendere*, bedeutet genau genommen »zusammenfassen«. Das Wort deutet darauf, dass das Verstehen ein Zusammenfassen verschiedener Elemente ist, besagt aber nicht, *wie* es dadurch zum Verstehen kommt oder, anders gesagt, *wie* wir die Bezüge wahrnehmen, dank denen sich lose Elemente zusammenfügen und ein Ganzes ergeben. Diesen qualitativen Sprung können wir nur geschehen lassen und bis zu einem gewissen Punkt beschreiben: Plötzlich *sehen* wir die Bezüge, plötzlich entsteht aus dem Nebeneinander der Elemente ein *Bild*.

Ich schlage vor, unser Vermögen, Bilder dieser Art oder den Sinn eines Wortes, der ja auch eine Art Bild ist, in uns entstehen zu lassen, *Einbildungskraft* zu nennen. So verstanden ist die Einbildungskraft nicht mehr die Fähigkeit, Beliebiges zu erdenken, sondern die Dynamik, dank der sich verschiedenartige Elemente zu einer imaginären, sinnträchtigen Synthese zusammenfügen.[7] Ich setze hinzu, dass das lateinische Verb *intelligere* (verstehen), von dem sich »Intelligenz« ableitet, mit *comprehendere* dem Sinne nach verwandt ist, denn ursprünglich bedeutet es »miteinander verbinden«.

Aus diesen Betrachtungen ergibt sich eine praktische Konsequenz: Wenn wir auf ein Wort treffen, dessen Sinn für uns neu ist, muss unsere Einbildungskraft diesen Sinn *erschaffen*, und das braucht Zeit. Unsere Einbildungskraft muss dasselbe leisten, wenn ein Autor es für notwendig erachtet, einem vertrauten Wort einen neuen Sinn zu geben, wie ich hier den Wörtern »Einbildungskraft«, »Körper«, »Aktivität«. Die Kürze meiner kleinen Schrift darf nicht darüber hinwegtäuschen: Sie ist schnell gelesen, aber die Arbeit eben der Einbildungskraft, zu der sie einlädt, kostet Zeit und Geduld.

8. Nun aber die Frage: Wenn sich das Wort mit einem Sinn – mit einer imaginären Synthese – verbunden hat, wie erzeugt es das Ding? Kraft eines Mechanismus – ich möchte ihn *Objektivierung* nennen –, den man immer und überall da beobachten kann, wo es Sprache gibt, der uns aber selten bewusst wird. Mit *Objektivierung* bezeichne ich den unwillkürlichen Vorgang, durch den wir die imaginäre Synthese, die wir mit einem Wort verkoppeln, in unserer Vorstellung zu einem *Ding an sich* machen und glauben, dass dieses Ding *objektiv so sei*, wie wir es uns einbilden.

Wenn ich ihn so definiere, scheint dieser Vorgang einfach, aber in Wirklichkeit ist er so kompliziert, dass es unmöglich ist, glaube ich, ihn bis ins Letzte zu analysieren. Seine wichtigsten Komponenten lassen sich jedoch erkennen.

Er beruht zunächst auf der stabilisierenden Wirkung des Wortes, das der imaginären Synthese eine relative Beständigkeit verleiht. Des Weiteren beruht er auf dem Zusammentreffen dieser Synthese und des entsprechenden Phänomens, so wie ich es durch meine Sinne wahrnehme. Wenn die sinnlichen Eindrücke ungefähr mit den Elementen meiner Synthese übereinstimmen, verschmelzen sie mit ihr. Ich bin nicht mehr imstande, das wahrgenommene Ding, das eingebildete Ding und das Wort, mit dem ich das Ding nenne, auseinanderzuhalten, sodass es den Anschein hat, als existiere es für sich. Ich zweifle umso weniger an seiner objektiven Existenz, als ich ihm zudem das innere Raumgefühl und das Existenzgefühl verleihe, wie sie der Aktivität meines Körpers eigen sind.[8] Es ist diese komplexe Alchemie, welche die »Dinge« hervorbringt.

Die Objektivierung wird zudem vom gesellschaftlichen Konsens verfestigt. Wir zweifeln nicht leicht an Dingen, an die alle um uns herum glauben. Wir müssen an sie glauben, um uns mit anderen verständigen zu können und in der gleichen *Welt* zu leben wie sie. Ohne diese vertrauten *Dinge*, ohne diese gemeinsame *Welt* befänden wir uns in einer fremdartigen, sich unaufhörlich wandelnden Wirklichkeit, in der nichts Gewisses mehr bestünde und über die wir uns kaum mehr mit den anderen verständigen könnten.

Ich unterscheide hier absichtlich zwischen *Welt* und *Wirklichkeit*. Mit *Welt* meine ich die beschränkte Gesamtheit der *Dinge*, die unsere Lebenswelt bilden und durch die Sprache und die Objektivierung innerhalb der Wirklichkeit entstehen. Mit *Wirklichkeit* die umfassende Gesamtheit dessen, was in uns und außerhalb von uns existiert, unabhängig von den durch Sprache und Objektivierung erschaffenen *Dingen*.

Diese Unterscheidung macht verständlich, wie wir inmitten *einer* Wirklichkeit in *unterschiedlichen* Welten leben können. Tatsache ist, dass verschiedene Gesellschaften, verschiedene Gemeinschaften innerhalb dieser Gesellschaften, verschiedene Personen in verschiedenen, ja unvereinbaren Welten leben und alle an die objektive Existenz ihrer Welt glauben. Man muss den universalen Mechanismus der Objektivierung durchschaut haben, um diesen Sachverhalt erklären zu können. Ohne die Sprache gäbe es keine Vielzahl von Welten.

Die Kritik der Objektivität der *Welten*, in denen wir leben, und der *Dinge*, aus denen sie bestehen, ist der schwierigste Punkt der ganzen Philosophie. Sie scheint dem Gemeinsinn müßig, denn es ist immer und überall sein Wesenszug, weder an der Welt zu zweifeln, in der er lebt, noch an den Dingen, die er in ihr vorfindet. Sie ist der schwierigste Punkt, hat aber auch die größten praktischen Konsequenzen, denn Vielzahl der Welten heißt Vielzahl der Konflikte zwischen den Welten.

Zu diesen Konflikten kommt es auf allen Ebenen:

Zwei Personen, zwei Gemeinschaften, zwei Religionen geraten in Konflikt, weil sie denselben Worten unterschiedliche Bedeutungen geben oder sich auf imaginäre Synthesen stützen, die sich nicht vereinbaren lassen – was zu Missverständnissen und Zwietracht, ja zum offenen Krieg führt, der meistens von Interessenkonflikten und Machtkämpfen gespeist wird, aber oft mehr noch von beidseitiger Verblendung. Beide Seiten sind blind, weil jede davon überzeugt ist, dass die Welt objektiv so ist, wie es ihrer Vorstellung entspricht. Kann die eine Seite die andere nicht bekehren, dann versucht sie, sie zu zerstören oder zumindest zu unterwerfen. Die Geschichte bietet in dieser Hinsicht ein unerschöpfliches Anschauungsmaterial. Diese Konflikte können wir nur dadurch lösen, dass wir uns des Mechanismus der Objektivierung bewusst werden – und damit auch der Fähigkeit, die wir besitzen, aus unserer Erfahrung neue Synthesen hervorgehen zu lassen, die unseren wirklichen Bedürfnissen entsprechen.

Das ist der Gesichtspunkt, den Zhuangzi, der um 280 unserer Zeitrechnung gestorbene chinesische Philosoph, im zweiten Kapitel des *Zhuangzi* genannten Buches zum Ausdruck bringt.[9] »Wenn der Mensch schläft«, sagt er dort, »sind seine Geister geballt. Wenn er erwacht, öffnet er sich der Außenwelt, klammert sich an das, was er wahrnimmt, und lässt sich daher täglich in vergebliche Kämpfe verwickeln.« Warum das? Weil jeder »seinen Geist festlegt«, was durch den Gebrauch der Sprache geschieht, seinen festgelegten Vorstellungen folgt und »vertritt, was andere verwerfen, und verwirft, was andere vertreten«. Das Heilmittel ist: »Klar sehen«, sagt Zhuangzi – den Mechanismus durchschauen, durch den die Sprache die *Dinge* erschafft und der uns dazu verführt zu glauben, dass sie wirklich so sind, wie wir sie uns vorstellen. »In der Wirklichkeit gibt es keine festen Abgrenzungen, in der Sprache nichts Beständiges«, sagt Zhuangzi ferner. »Erst wenn man (durch einen Sprechakt) etwas gesetzt hat, entstehen Unterscheidungen.« Daraus zieht er folgenden Schluss: »Dazu (zu diesen Streitereien) lässt sich der Weise nicht verleiten. Er richtet seine Sprache nach dem, was geschieht. Er passt seine Sprache den Umständen an.« Ich habe im alten China einen Gewährsmann.[10]

Die Kritik der Objektivität führt zu einer weiteren bedeutenden Konsequenz. Sie befähigt uns, den Tücken der Objektivierung zu entgehen und uns von der bestehenden *Welt* zu lösen, wenn sie zu einem Gefängnis wird, und von unserer Erfahrung ausgehend unseren Bedürfnissen und Wünschen gemäß neue Synthesen zu bilden oder in uns entstehen zu lassen, die den Worten neue Bedeutungen verleihen und folglich die *Dinge* ändern. Sie erlaubt uns auch, alte Synthesen vergehen zu lassen, wenn sie sich als nichtig erwiesen haben.

9. Um die Objektivierung ganz zu verstehen, müssen wir zudem bedenken, dass sie zunächst ein augenblickliches Geschehen ist, dann aber einen kontinuierlichen Aufwand kostet. Wenn ein *Ding*

entstanden ist, sichern wir seine vermeintliche Existenz durch eine fortgesetzte Aktivität. Durch diese anhaltende Leistung erhalten wir unbewusst die *Welt*, die wir für die Wirklichkeit selbst halten, in ihrem gewohnten Zustand.

Wir bemerken diese kontinuierliche Aktivität erst, wenn sie stockt. Auf einem Spaziergang, zum Beispiel, sehe ich aus einiger Entfernung auf dem Weg vor mir einen Spatzen und bin verwundert, dass er sich nicht rührt. Ich mache ein Paar Schritte und entdecke, dass es ein Stück Holz ist, und bin gleichsam erleichtert. Dieser kleine Vorfall zeigt, woraus ein *Ding* besteht: aus der Verbindung von sinnlichen Eindrücken mit einer imaginären Synthese und einem Wort – welche Verbindung auch fehlgehen kann. Meine Verwunderung zeigt, wie eilig ich es habe, die Objektivierung wieder in Gang zu setzen, um meine Ungewissheit zu überwinden. Wir brauchen zum Leben eine Welt, die aus erkennbaren Objekten besteht. Dieses Bedürfnis kann jeder an sich selbst beobachten, wenn er morgens aufwacht und sofort damit beginnt, die *Welt* und die *Dinge* wieder herzustellen, so wie sie ihm vertraut sind, und die Aktivität wieder aufzunehmen, durch die er den Tag über ihren Bestand sichert.

Henri Michaux' Werke über Drogen sind hier besonders aufschlussreich.[11] Sie beschreiben die Auswirkungen gewisser Substanzen auf unsere Sinne und zeigen *a contrario*, welches wahre Wunder das normale Funktionieren des Geistes ist. Doch dazu braucht es keine Drogen. Es genügt zum Beispiel, die Verwirrung zu beobachten, die Müdigkeit oder Weinrausch bewirken. Wir können uns der Rolle, die die Objektivierung in unserem Alltag spielt, auch durch einfache Experimente bewusst werden – indem wir zum Beispiel ihre Intensität modifizieren und die Konsequenzen beobachten. Solches Experimentieren macht mir von jeher Spaß. Auf der Terrasse eines Cafés wähle ich zum Beispiel einen Platz, der mir einigen Ausblick gewährt. Wenn ich zur Ruhe gekommen bin, lasse ich den Willen, die Welt in ihrem normalen Zustand zu erhalten, allmählich in mir abnehmen. Die Sprache rückt in die Ferne, ist kaum mehr als eine Erinnerung, verschwindet schließlich ganz. Es bleibt die reine Lust des Schauens – nicht mehr dieses oder jenes zu *sehen*, sondern nur zu *schauen*, sich der ganzen Wirklichkeit zu öffnen. Die Ruhe wächst, sie wird tiefer, alles Sichtbare beginnt zu schweben, wird leicht und leichter, löst sich am Ende in reine Aktivität auf. Indessen bleibt es in meiner Macht, Feineinstellungen vorzunehmen. Ich kann mich zum Beispiel wieder aus der gänzlichen Auflösung zurück in einen Zwischenbereich versetzen, auf halbem Wege zwischen der *Wirklichkeit* und den *Dingen*. Das Geplauder meiner Nachbarn ist mir da ein bloßes Zwitschern.[12] Ich habe vergessen, dass die Sprache normalerweise auf *Dinge* verweist. Dann aber sagt jemand etwas, das meine Aufmerksamkeit erweckt: Ich stelle die Funktion der Sprache wieder her und finde augenblicklich zu den *Dingen* und zur *Welt* zurück. Ich war teilnahmslos, nun nehme ich wieder teil und stelle mir vor, was neben mir gesagt wird. Meine Gleichgültigkeit ist zu Ende. Die Objektivierung hat wieder eingesetzt.

Auch mein Interesse an der Malerei hängt mit derlei Experimenten zusammen. Maler sind Leute, die *schauen* und ihren Blick verändern, um besser oder anders zu sehen. Sie lassen in sich visuelle Synthesen entstehen, die sie dann in ihren Werken festhalten. Sie setzen Tupfen auf die Leinwand, die in uns ähnliche Synthesen erwecken sollen. Sie bringen uns dazu, die Wirklichkeit selbst »in der Manier von« zu sehen. Die großen Maler lehren uns, *wie* sich die *Welten* in uns bilden, die wir sehen. Sie führen uns in die geheime Kammer, in der sich unser Bezug zum Sichtbaren entwickelt.

Max Ernst öffnet sie uns auf besondere Weise. Seinen etwas unheimlichen Bildern fügt er rätselhafte Titel bei. Er weckt dadurch den Mechanismus, der in uns *Dinge* erzeugt, wenn noch unbestimmte Bilder mit Worten zusammentreffen. Er tut es aber so, dass der Mechanismus sein Ziel nicht erreicht und wir auf halbem Wege zwischen einer noch im Entstehen begriffenen *Welt* und einer weiterhin unauslotbaren Wirklichkeit schweben. Er scheint von Goya inspiriert worden zu sein, der durch das Nebeneinander einer unheimlichen Szene und einer lakonischen Legende, insbesondere in *Los Caprichos* und *Desastres de la guerra*, eben diese Wirkung erzielt. Dadurch erwecken seine Radierungen viel mehr Schrecken oder Verzauberung als irgendwelche detaillierten Beschreibungen.

10. Wer mit der Kammer vertraut ist, weiß es: In ihren Tiefen erzeugt die Aktivität des Körpers unaufhörlich ungewisse, bewegte Bilder, die auf Wörter treffen oder nicht. Im Traum treffen sie meist auf keine und lösen sich so schnell auf, wie sie entstanden sind. Es ist mir aber aufgefallen, dass wenn in einem Traum Worte gesprochen werden, sie mir genau in Erinnerung bleiben. Ich habe auch bemerkt, dass wenn ich einen Traum aufschreibe, all das, was ursprünglich kaum fassbar schien, sich mühelos in eine wohlgefügte, klar umrissene Erzählung verwandelt. Diese fixierende Macht des Wortes erstaunt mich jedes Mal aufs Neue.

Sie ist in anderen Zusammenhängen ebenso wirksam. Was geschieht zum Beispiel, wenn wir einem Kind einen Namen geben? Unter diesem Namen wird sich fortan alles vereinen, was wir im Umgang mit dem Kind und später mit dem Erwachsenen entdecken und empfinden. Der Name eines oder einer Geliebten drückt ebenfalls eine solche Synthese aus. Auch mit Ortsnamen verhält es sich so: Was wären meine Erinnerungen an die Stadt Venedig und die Gedanken, zu denen sie mich angeregt hat, wenn es ihren Namen nicht gäbe, der sie zusammenfasst?

Gewisse abstrakte Begriffe erlangen mit der Zeit einen vergleichbaren Bedeutungsreichtum, weil sie auf ähnlichen Synthesen beruhen. Für mich sind mittlerweile *Aktivität* und *Körper* solche Begriffe geworden. Sie sind zugleich sinngesättigt und genau durchdacht und daher philosophische Begriffe.

Wir werden uns der Macht der Wörter gewahr, wenn sie uns zu fehlen beginnen. Mir stößt das öfters zu. Eine regelrechte Panik überkommt mich manchmal, wenn ich mir vorstelle, dass ich den Gebrauch der Sprache ganz verlieren könnte. Ich wäre hilflos einer unfassbar gewordenen Wirklichkeit ausgeliefert. Giacometti scheint mitten auf dem Atlantik von einer solchen Panik befallen worden zu sein, als er an seinem Lebensabend aus New York zurückkehrte. Später schrieb er dazu: »Was lässt sich noch sagen auf diesem endlosen Meer, *das keinen Namen hat*, inmitten dieses schwarzen Wassers, in dem ich versinken und von blinden und *namenlosen Fischen* gefressen werden könnte.«[13]

Man kann aber auch anders in die Sprache ein- und aus ihr heraustreten. Wir verlassen sie, wenn wir Gesten vollführen, die Konzentration erfordern. Wenn ich Wein einschenke oder Geige spiele bin ich nicht mehr in einer sprachbedingten *Welt*, sondern in einer *Wirklichkeit*, die von meinem Tun und den Gesetzen der Physik, die ich ausnutze, bestimmt wird.

Es ist das besondere Verdienst des Zhuangzi, Folgendes bemerkt zu haben: erstens, dass wir unaufhörlich in die Sprache eintreten und sie wieder verlassen; zweitens, dass die *Welt* nicht dieselbe ist, wenn wir uns in oder außerhalb der Sprache befinden – genauer: dass es *Welt* und *Dinge* nur gibt, wenn wir uns der Sprache bedienen, und dass sie sich auflösen, wenn wir zu anderen Formen der Aktivität übergehen.

Überhaupt scheint mir Zhuangzi das Verhältnis zwischen *Sprache*, *Ding* und *Welt* einerseits und *Wirklichkeit* andererseits richtig verstanden zu haben. Aus meiner Sicht muss Folgendes hinzugefügt werden: die Einbildungskraft, die in uns imaginäre Synthesen erzeugt; die Objektivierung, die aus diesen Synthesen *Dinge* macht; der Körper als Aktivität und schließlich die Aktivität als fundamentale Kategorie. Erst dadurch gelingt es uns, alle Formen unserer Aktivität miteinander in Beziehung zu bringen, insbesondere diejenige, die aufgrund der Sprache die Welt objektiviert, mit denjenigen, die das nicht tun. Und damit ist auch die hauptsächliche Schwierigkeit behoben, die dem Verständnis meiner Auffassung im Wege steht. Denn man kann sie nicht verstehen, solange man, wie heute üblich, die materielle Wirklichkeit und die Aktivität des Subjektes trennt und einander gegenüberstellt. In meiner Auffassung sind die *Welt* und die *Dinge*, an die wir glauben, von unserer Aktivität erschaffen und, dem Anschein zum Trotz, *in ihr enthalten*. Grundlegend ist immer und überall die Aktivität.

Zhuangzi behauptet zudem, dass wir unsere sprachliche Aktivität gleichzeitig von innen und außen wahrnehmen und sie erst dadurch voll und ganz erfassen können. Um zu verstehen, was er meint, erinnere man sich an eine einfache Geste. Wenn ich Wein einschenke und meine Geste vollkommen beherrsche, kann ich mich innerlich von ihr lösen und ihr ein ästhetisches Vergnügen abgewinnen. Mit »ästhetisch« meine ich zweierlei: dass ich die formale

Vollkommenheit der Geste zu schätzen weiß und an ihr Gefallen finde; aber auch, dass ich sie in ihrem Ablauf im obengenannten Sinne *sehe.* Ich nähere mich damit der ursprünglichen Bedeutung des griechischen Wortes *aesthesis*, das schlicht »Empfindung, Wahrnehmung, Erfassen der Sache« bedeutete.

Es lassen sich aber nicht nur einfache Gesten auf diese Weise erfassen. Wir haben gesehen, dass auch viel komplexere Formen der Aktivität so wahrgenommen werden können. Wenn der Geiger sein Spiel vollkommen meistert, wird er gleichzeitig zum Zuschauer seines Spiels. Zu dieser Verdoppelung kann es auch kommen, wenn ich meine Rede vollkommen beherrsche. Ich löse mich innerlich von ihr und staune still über das, was ich tue. Ich nehme zwar nicht alle Aspekte des Phänomens wahr, dazu ist es viel zu komplex. Doch indem ich mich gleichsam schwebend über ihm halte, kann ich nacheinander seine hauptsächlichen Triebfedern erkennen. Ich kann dann *sehen*, wie ich durch den Gebrauch der Sprache und im Austausch mit anderen inmitten der *Wirklichkeit* eine *Welt* heraufbeschwöre. Zhuangzi zufolge erreiche ich dadurch die höchste philosophische Erkenntnis. Ich zitiere ihn ohne weiteren Kommentar: »Wenn die Sprache teilt, bleibt immer Ungeteiltes. Wenn die Sprache unterscheidet, bleibt immer Nichtunterschiedenes. (…) Der Weise bewahrt in seinem Innern dieses Ungeteilte, Nichtunterschiedene, während die meisten Menschen unterscheiden und sich damit hervortun. Darum sage ich: Wer sich in den Unterscheidungen der Sprache verschließt, *sieht* nicht.« Er *sieht* die Wirklichkeit nicht und *sieht* nicht, was er tut, wenn er spricht.[14]

Die Sprache verleiht uns die Macht, innerhalb der *Wirklichkeit* menschliche *Welten* zu schaffen. Wer glaubt, dass die Sprache die Wirklichkeit je ausschöpfen oder umfassen könnte, trügt sich. In ihren harmlosen Ausprägungen führt diese Illusion zu den geläufigen Übeln der sprachlichen Inflation, der verbalen Uferlosigkeit, des endlosen Räsonierens. Wenn sie dogmatisch wird und ihre Sichtweisen aufzwingen will, kann sie tödlich werden. Zhuangzi hat die Verheerung, die diese Illusion in jüngerer Zeit verursacht hat, nicht gekannt, aber er kannte die Gefahr.

III.

11. Die Integrierung schafft Potenz – so lautet ein weiteres Gesetz der Aktivität.[15]

Wir sind so sehr daran gewöhnt, dass es uns meist entgeht: Jede Geste, selbst die einfachste (eine Türe öffnen), ist eine Potenz. Wir fühlen es, wenn wir eine Geste ausführen, ja selbst wenn wir sie uns nur *denken*, denn an sie denken ist schon eine Ausführung. Alle Gesten und Handlungsweisen, die wir durch eine Integrierungsarbeit erworben haben, sind Potenzen und bilden zusammen die Potenz einer Person.

Der Erwachsene ist so sehr daran gewöhnt, über ein ganzes Register von längst eingeübten Gesten zu verfügen, dass er sich der grundlegenden Rolle, die sie in seinem Alltag spielen, nicht gewahr ist. Er weiß nicht, dass seine gesamte Aktivität von ihnen getragen wird. Er wird sich dessen nur unter besonderen Umständen bewusst, zum Beispiel wenn er sich den rechten Arm bricht und vieles nun mit der linken Hand verrichten muss, denn jetzt entdeckt er, dass er die einst geleistete Integrierungsarbeit neu leisten muss und dass sie eine große Anstrengung erfordert. Er entdeckt es auch, wenn er eine neue

Geste erlernen muss. Ich konnte das ermessen, als ich mir die traditionelle chinesische Technik der Pinselführung aneignete. Es braucht einiges an Willen, die zunächst völlig unnatürliche Geste des Kalligrafen zustande zu bringen, und dann viel Übung, um sie nach und nach in eine natürliche Geste zu verwandeln. Wenn ich es darin weitergebracht hätte, wären in ihr schließlich alle meine inneren Regungen und Gemütszustände so zum Ausdruck gekommen, dass andere sie hätten nachempfinden können. Ich erwähne dieses Beispiel, weil es mir Gelegenheit geboten hat, das Entstehen der Geste aus nächster Nähe zu beobachten.[16]

Wenn man beginnt, seine Aufmerksamkeit auf die Geste zu richten, entdeckt man mehr. Was geschieht zum Beispiel, wenn ich hämmere? Ich hebe den Kopf des Hammers bis zu einem gewissen Punkt im Raum, versetze ihm eine leichte Bewegung nach vorne, beschleunige sie sodann durch einen kräftigen Schwung nach unten, benütze ihre nun senkrechte und geradlinige Bahn, um auf den Nagel zu zielen, und erhöhe die Schlagkraft im letzten Moment durch einen energischen Hieb. Die Stroboskopie veranschaulicht die perfekte Kurve des Hammers und seine fantastische Beschleunigung.

Diese Beschreibung wird der Komplexität der Geste noch nicht gerecht. Von innen betrachtet weist sie noch andere Aspekte auf. Füße und Beine gewährleisten die Standfeste und das Lot. Der Atem füllt die Lungen und trägt das Gewicht von Kopf,

Schultern und Arm. Während meine Augen den Nagel fixieren, stellen sich alle meine Kräfte in den Dienst der Geste, die mir in ihrem Ablauf auch das Maß des Raumes liefert. Die linke Hand, die auf dem Brett ruht oder den Nagel hält, und der linke Arm liefern es mir noch viel deutlicher. Die innere Wahrnehmung der Bewegung steuert die Geste und wird als erste darüber informiert, dass der Nagel im Holz sitzt.

Wir könnten in dieser Sezierung der Geste fortfahren und in die anatomischen und physiologischen Einzelheiten gehen und zudem die Gesetze der Physik einbeziehen. Doch was mich interessiert, ist unser Vermögen, die Geste im Moment ihrer Ausführung als Ganzes von innen wahrzunehmen und sie immer genauer und vollständiger wahrzunehmen – anders gesagt: unsere Aktivität immer bewusster werden zu lassen.

Aber woher kommt uns manchmal der Wunsch, sie immer bewusster werden zu lassen? Sollte ich nicht besser sagen, dass sie von selbst bewusster wird? Dass sie desto bewusster wird, je besser ich sie beherrsche und je mehr sie zu einem Spiel wird? Denn wenn die Integrierung diesen Punkt erreicht, wird die innere Wahrnehmung, die in allen unseren Bewegungen und Gesten dunkel vorhanden ist, lebhaft, deutlich und klar. So entsteht das zuschauende Bewusstsein, das in stummer Bewunderung der Aktivität des Körpers zusieht.

Wenn ich dieses Bewusstsein meiner Aktivität oder meiner Handlungen erreiche, stellt sich eine neue Frage: *Wer* handelt eigentlich? Wenn das Bewusstsein bloß zuschaut, wird da nicht klar, dass es der *Körper* ist, der handelt? Folgt nicht daraus, dass die führende Rolle, die das Bewusstsein für sich in Anspruch nimmt, eine Illusion ist? Dass das Bewusstsein, das wir von unserem Tun und Handeln haben, nicht Ursache, sondern Wirkung ist? Wo wurde eigentlich meine Entscheidung getroffen, einen Nagel in ein Brett zu treiben? Es war eine bewusste Entscheidung, aber ist sie im Bewusstsein entstanden? Hat sie sich nicht vielmehr in der Tiefe des Körpers aus seiner Verbindung von Bedürfnissen, Erinnerungen und Berechnungen ergeben, deren Ergebnis das Bewusstsein lediglich zur Kenntnis genommen hat? Könnte es nicht sein, dass alles, was das Bewusstsein zu entscheiden glaubt, in Wirklichkeit im Körper entschieden wird? Dass das Bewusstsein also stets nur die Widerspiegelung dessen ist, was *unterhalb von ihm* vor sich geht?

Was sich da auftut, stimmt mit der Idee überein, dass alles in der Natur dem Gesetz der Kausalität untersteht und wir, wie die Wirklichkeit überhaupt, dem strengsten Determinismus unterworfen sind. Schließlich gibt es keinen Grund anzunehmen, dass der Mensch eine Ausnahme und als einziges Lebewesen nicht an die allgemeine Verkettung von Ursachen und Wirkungen gebunden sei. Alles weist im Gegenteil darauf hin, dass unsere Aktivität, mitsamt ihrem bewussten Teil, gänzlich determiniert ist. Nichts in ihr deutet auf ein »Ich« hin, das die Ursache der Geste wäre – meines Hämmerns beispielsweise – und als souveränes Subjekt betrachtet werden könnte. Ich habe den Nagel in das Brett getrieben, weil der Körper es gewollt hat. Die Geste *ist geschehen.*

12. Wenn wir in unseren Handlungen und unserer ganzen Aktivität von Kräften bestimmt werden, die sich dem Bewusstsein entziehen, was wird aus der Freiheit? Ist sie nur noch ein Spuk? Ein Trugbild, das wir loswerden sollten? Nein. Die Konsequenz ist, dass wir diesen Begriff neu durchdenken und dazu erneut Beobachtungen anstellen müssen.

Ich halte zunächst fest, dass ich ab und zu ein *Gefühl von Freiheit* empfinde. Zum Beispiel wenn ich den Nagel genau auf den Kopf treffe und mit einem Hieb ins Holz treibe. Ich empfinde dieses Gefühl jedes Mal, wenn ich dank einer Geste mein Ziel mit kleinstem Energieaufwand und größter Wirksamkeit erreiche; wenn darin die Absicht und die Ausführung zusammenfallen und die Wirkung eine sofortige ist. Solche Gesten kommen in gewisser Weise einem Wunder gleich.

Das Gefühl der Freiheit ist demnach eine Begleiterscheinung der Potenz im Moment ihrer Aktualisierung. Da es die Integrierung ist, die diese Potenz schafft, können wir sagen, dass die Integrierung die Freiheit schafft – die Freiheit, die Geste zu vollführen oder auch nur zu denken.

Manchmal habe ich im Gegenteil ein Gefühl der Unfreiheit. Zum Beispiel wenn ich innehalte, um in der Leere eine Idee entstehen zu lassen, und jemand den Vorgang unterbricht und damit das Entstehen der Idee vereitelt. Ich empfinde das als einen lästigen Verstoß gegen meine Freiheit. Desgleichen wenn ein Kind seine Bewegungen aufeinander abstimmt, um Wasser in ein Glas zu schenken, und man es durch einen Stoß daran hindert: Man bringt es um die Potenz, die es aus sich heraus entwickelte – was es als eine Verletzung seiner Freiheit empfindet. In diesen Fällen ist das Gefühl der Freiheit also keine Begleiterscheinung der eingeübten Geste, sondern des Integrierungsprozesses, der zu ihr führt. Ich fühle mich frei, wenn der Prozess ohne äußere Beeinträchtigung vor sich geht und seinem inneren Gesetz folgend zur Vollendung gelangt.

Ich beobachte zudem Folgendes: Wenn ich mir ein Glas einschenke, tue ich es immer *aus eigenem Antrieb*. Niemand kann mich dazu zwingen. Auch wenn man mich dazu zwingt, tue ich es mit einer gewissen Einwilligung, denn nur ich kann meine Kräfte so vereinen, dass daraus eine Geste wird. Meine Handlung bleibt insofern frei, als sie ganz von mir abhängt. So verhält es sich auch, wenn ich innehalte, um eine Idee entstehen zu lassen. Dazu kann mich niemand zwingen. Dieser Vorgang verschafft mir ein Gefühl von Freiheit, weil er sich nach seinem eigenen Gesetz entwickelt.

Ich merke, dass ich das Gefühl der Freiheit besonders dann empfinde, wenn ich nicht unwillkürlich zur Ursache einer beliebigen Wirkung werde, sondern wenn sich in mir ein Integrierungsprozess entwickelt und zur Vollendung gelangt, sodass durch mich in der allgemeinen Verkettung von Ursachen und Wirkungen etwas Neues entsteht. Wir fühlen uns frei, wenn unsere Aktivität Neues hervorbringt.

Wenn ich Wein einschenke oder hämmere, ist die Neuigkeit unbedeutend. Wenn eine Idee in mir entsteht, kann sie für mich neu sein, nicht aber für andere. Sie kann auch gänzlich neu sein. Wenn ich mich mit anderen unterhalte, kann es vorkommen, dass ich einer Eingebung folgend unvermutet völlig neue Dinge ausspreche. Je mehr die Integrierung aus verschiedenartigen und tiefen Quellen schöpft, desto größer die Wahrscheinlichkeit, dass sie Unerwartetes hervorbringt – unerwartet für mich und für andere, ja Neues im absoluten Sinne.

Es ist dem Menschen eigen, dass er in unterschiedlichem Maße Ursache werden und zu seinem eigenen Erstaunen Neues schaffen kann. Er vermag es, weil es in ihm eine Dimension des Unbekannten gibt und sich dort Integrierungsprozesse bilden, deren Quellen er nur zu einem kleinen Teil (oder gar nicht) kennt. Deshalb ist er sich von jeher selbst ein Rätsel, ist es gewesen und wird es immer bleiben.

13. Es wird uns nie gelingen, dieses Rätsel ganz zu durchdringen, aber wir können es teilweise erkunden, indem wir die Gesetze der Aktivität studieren. Ein solches Gesetz ist, dass das Neue entsteht, wenn wir den Körper walten lassen.

Wenn ich nach einem Wort suche, versetze ich mich für einen Moment in eine Art Abwesenheit.

Ich rühre mich nicht mehr, mein Gesicht wird ausdruckslos, mein Blick erstarrt und ich warte ab. Wenn das Wort auftaucht, fasse ich mich wieder und nehme das unterbrochene Gespräch wieder auf. Was habe ich getan? Ich habe den Körper walten lassen.

Was tue ich, wenn ich versuche, eine Intuition reifen zu lassen, eine Idee festzuhalten oder ein Problem zu lösen? Ich rege mich nicht mehr, ich atme langsamer, schließe vielleicht die Augen. Denke ich nach? Ich überlasse es dem Körper, die Arbeit zu leisten, und begnüge mich damit, aus der Distanz darüber zu wachen, dass sie geleistet wird.

Auf diese Weise kann ich mehr tun, als ein fehlendes Wort oder die Lösung eines Problems zu suchen. Ich kann mich weiter vorwagen, um dem Unbekannten zu begegnen. Als Erstes nehme ich eine Haltung ein, in der das Bedürfnis, mich zu bewegen, nach und nach erlischt, und lasse meinen Atem nach und nach sanft und ruhig werden. In mir entsteht und wächst eine Leere, die Außenwelt besteht nur noch am Rande. Diese Leere ist eine Fülle. Sie ist nichts anderes als die Aktivität des Körpers, die sich selbst auf sachte und gleichmäßige Weise wahrnimmt. Vielleicht schließe ich die Augen und sehe so aus, als wäre ich in tiefen Schlaf gesunken. Wenn ich die Augen offen halte, ist der Eindruck befremdlicher. Ich bin völlig reglos, aber andere stellen fest, dass ich anwesend bin, denn ich antworte, wenn sie mich ansprechen. Ich vernehme, was sie mir sagen, und antworte, wenn es mir genehm ist.

Ein anderes Anzeichen meiner Geistesgegenwart ist, dass ich jederzeit wieder tätig werden kann.

Wenn ich die Leere in mir zunehmen lasse, geschieht es oft, dass sich etwas in ihr regt und Bilder in ihr entstehen. Wenn ich reglos bleibe, flauen sie wieder ab und verschwinden. Wenn ich mich durch sie verleiten lasse, führen sie mich hingegen sofort in das Treiben des Alltags zurück. Nun kann ich aber auch Folgendes tun: Ich betrachte diese Bilder, aber so *als ob sie mich nichts angingen.* Diese Einstellung hat eine bemerkenswerte Wirkung zur Folge: Der Anblick gewinnt an Kraft und Genauigkeit, wie im Traum, nur dass der Körper im Traum meist eine ziellose Aktivität entwickelt. Wenn das Bewusstsein wacht, nimmt sie hingegen Gestalt an, entwickelt sich in eine gewisse Richtung und versucht, die Kräfte, die in ihr wirken, in Einklang zu bringen. Ich wohne Umwälzungen, Zusammenbrüchen, Rück- und Fortschritten bei, Lösungen zeichnen sich ab. Ein Integrierungsprozess spielt sich vor meinen Augen ab. Ich vermute, dass er durch die Aufmerksamkeit ausgelöst wird, die ihm vom bewussten Bereich meiner Aktivität zuteil wird. Die Aufmerksamkeit scheint den inneren Raum zu schaffen, in dem sich der Prozess frei entfalten kann.

Gewiss ist hingegen, dass die Umwälzungen, denen ich beiwohne, ein wirkliches Geschehen sind und danach im praktischen Leben spürbare Folgen haben. Es sind Ereignisse, die mein Fühlen und Handeln verändern. Die Aktivität des Körpers hat sich von selbst neu gestaltet. Sie ist für uns der Quell aller Erneuerung.

Sokrates war offensichtlich mit diesen Mechanismen vertraut. Er nutzte sie, wenn er einen Tag und eine Nacht hindurch irgendwo wie angewurzelt stehen blieb, um ein Problem zu lösen, oder wenn er auf dem Weg zu einem Gastmahl unter einem benachbarten Tor stundenlang bewegungslos verharrte. »Lasst ihn nur, er wird schon kommen«, sagt einer der Gäste in Platons *Symposion*; »bisweilen hält er an, wo es sich gerade trifft, und bewegt sich nicht mehr.«[17] Sokrates tat mit Strenge und Ausdauer das, was wir so oft spontan und kurz tun: Er ließ seinen Körper walten.

Sokrates ist ein extremes Beispiel. Die Fähigkeit, den Körper walten zu lassen, ist unterschiedlich ausgeprägt. Viele Menschen sind dazu gänzlich unfähig. Es sind gerade diejenigen, die das aufs Dringlichste bräuchten, weil sich in ihnen Kräfte bekämpfen und gegenseitig lähmen. Sie leiden, die Angst schnürt sie und hindert sie daran, sich zu entspannen und es dem Körper zu überlassen, die notwendige Umgestaltung der Kräfte zu vollführen. Was ihnen fehlt, ist immer dasselbe: wieder mit den Mächten des Körpers in Beziehung zu treten. Am besten hilft man, wenn man ihnen bei diesem gefürchteten Hinabsteigen zur Seite steht. Der Beistand einer Person, die in der Kunst dieser Öffnung nach unten geübt ist und sie auf diesem Weg begleiten kann, beruhigt sie und gibt ihnen Vertrauen. Nach einiger Zeit, mitunter sehr rasch, setzt die

Veränderung ein und führt zur heilenden Verwandlung.

Dies ist der Leitgedanke unzähliger Therapien, die seit Menschengedenken und in allen Gesellschaften praktiziert worden sind. Dass sie mehr oder weniger entwickelt waren und auf verschiedenste Weise erklärt wurden, in magischen, religiösen, philosophischen oder psychologischen Termini, ändert an diesem gemeinsamen Prinzip nichts. Auf ihm beruht auch die so falsch verstandene und falsch benannte Hypnose. Der im neunzehnten Jahrhundert nach dem griechischen Wort *hypnos* (»Schlaf«) geprägte Begriff ist irreführend, denn die Hypnose ist kein Schlaf, sondern eine Art des Wachseins. Sie ist *die Form der Aktivität, in der das Bewusstsein in aller Wachheit den Körper walten lässt.*

Die Formen, sollten wir genauer sagen, denn die Formen der Aktivität, in denen das Bewusstsein den Körper walten lässt, sind vielfältig und allgegenwärtig. Daher betrachtete Milton Erickson die Hypnose als eine grundlegende Dimension der menschlichen Existenz schlechthin.[18] Es muss freilich hinzugefügt werden, dass die Praktiker der Hypnose auf ein Phänomen stoßen, das meiner Definition widerspricht: die Amnesie. Es kommt oft vor, dass der Patient nach einer therapeutischen Sitzung sich weder an das erinnert, was in ihm vorgegangen ist, noch an seinen Austausch mit dem Therapeuten. Vielleicht muss angenommen werden, dass sich die wachende Instanz in ihm so weit nach unten verlegt hat, dass die Umwandlungen, denen sie beigewohnt hat, dem Tagesbewusstsein, wenn es wieder hergestellt ist, nicht mehr zugänglich sind.

Ich verdanke François Roustang die Entdeckung der Hypnose. Dank ihm habe ich erstens verstanden, dass die Hypnose weder, wie gemeinhin angenommen, auf Manipulation beruht noch, wie es das Wort nahelegt, einer Art Schlaf gleichkommt; und zweitens, dass die Phänomene, die sie umfasst, grundlegend und seit jeher immer und überall anzutreffen sind, aber aufgrund der seit dem neunzehnten Jahrhundert in Europa vorherrschenden Ideensysteme unverständlich, befremdlich, ja etwas unheimlich geworden sind.[19] Ich habe mich folglich gefragt, ob es nicht möglich, ja wünschenswert wäre, umgekehrt von diesen Phänomenen auszugehen, um jene Ideensysteme in Frage zu stellen. Dies ist einer der Wege, die mich nach und nach zu meinem neuen Paradigma geführt haben. »Es gibt mehr Dinge im Himmel und auf Erden, als es deine Philosophie sich vorstellen kann«, sagt Hamlet (I/5). Das Studium der Hypnose hat mich davon überzeugt, *dass sich im Körper mehr Dinge zutragen, als unser Geist sich denken kann* – es sei denn man erkennt das Prinzip der Integrierung, die Definition des Körpers als Aktivität und die Dimension des Unbekannten an, die ihm eigen ist.

14. Um die Gesetze der Aktivität besser zu verstehen, müssen wir auch die Verschiedenheit ihrer Formen und die Übergänge von einer Form zur anderen be-

obachten. Diese Übergänge gleichen etwa dem Umschalten, durch das wir beim Autofahren von einem Gang in einen anderen wechseln.[20]

Zu einem derartigen Umschalten kommt es in unserer Aktivität unaufhörlich. Ich höre zum Beispiel einem Freund zu, folge seinen Gedanken und verliere den Faden, weil ich an etwas anderes denke: Ich habe unwillkürlich umgeschaltet und bin nun in einer anderen Form der Aktivität. Und wenn mir vor Müdigkeit die Augen zufallen, ich aber noch die Stimme des Freundes höre, bin ich ein weiteres Mal von einer Form der Aktivität zu einer anderen übergegangen. Ebenso, wenn ich in den Schlaf sinke – oder meinen Freund unterbreche, weil mir eine Idee eingefallen ist und ich mich auf sie konzentrieren möchte. All dies geschieht von selbst. Es ist die Aktivität des Körpers, die von einer Form zur anderen wechselt.

Ich unterlasse es, genau zu definieren, worin eine Form der Aktivität besteht, oder zu bestimmen, wie viele es gibt. Der Begriff soll uns lediglich auf die Vielfalt dieser Formen und Übergänge aufmerksam machen. Er soll uns für *alle* diese Formen empfänglich machen, für *alle* ihre Verbindungen und Sprünge – für den *musikalischen* Reichtum unserer Existenz.

Dieser Begriff macht uns zu besseren Beobachtern, aber auch zu besseren Experimentatoren. Er lädt uns dazu ein, absichtlich von einer Form in eine andere umzuschalten und zu sehen, wie sich dabei unser Verhältnis zu uns selbst und zur Außenwelt verändert. Durch eben solche Experimente haben wir vorhin den Mechanismus der Objektivierung erfasst: das Eintreten in die Sprache und die Entstehung der *Dinge*, das Hinaustreten aus der Sprache und ihre Auflösung in der *Wirklichkeit*.

Der Begriff der Aktivitätsform hilft uns, gewisse Gesetze der Aktivität besser zu erfassen. Er hilft uns auch, von einer Form in eine andere umzuschalten, wenn der Übergang Schwierigkeiten bereitet. Wenn ich versuche, meine Kräfte zu vereinen, um eine neue Geste hervorzubringen, ist die Form meiner Aktivität die der Integrierungsarbeit. Wenn ich die Geste erworben habe und sie mit Leichtigkeit ausführe, ist es die der Potenz. Durch eine solche Formulierung werden das Gesetz der Integrierung und die Rolle, die es in unseren Lernprozessen spielt, besser verständlich: Im Wesentlichen sind sie alle eine Abfolge von Übergängen von niedrigeren Formen der Aktivität zu höheren. Diese Formulierung hilft uns, uns willentlich auf die Integrierungsarbeit zu konzentrieren, wenn es erforderlich ist, und im entscheidenden Moment im Gegenteil den Körper walten zu lassen.

Der Begriff des Formenwechsels hilft auch bei der Lösung einer Reihe anderer Schwierigkeiten. Ich habe Lampenfieber. Ich bin wie gelähmt, weil ich mich in einer niedrigen Form der Aktivität bewege und etwas tun soll, das nur in einer höheren geleistet werden kann. Ich soll etwas vollbringen, das mir nicht erreichbar scheint. Am Ende überwinde ich diese Schwierigkeit nicht durch einen allmählichen

Übergang, sondern durch einen *Sprung* von einer Form der Aktivität in die andere – von der niedrigeren in die höhere. Was unmöglich schien, wird augenblicklich leicht.

Dieser Sprung ist vielen vertraut. Ein Kritiker interviewte eine Sängerin, die in Aix-en-Provence in einer Mozart-Oper auftrat, und fragte sie, was sie unmittelbar vor ihrem Auftritt zu tun pflege: »Durchlaufen Sie im Stillen nochmals die Arie, die Sie auf der Bühne singen werden?« »Nein«, antwortete sie, *»ich stelle eine Leere her.«* Nur in dieser Leere können sich die Kräfte sammeln, die vereint den Gesang hervorbringen werden. Was wir Konzentration nennen, ist etwas Widersprüchliches: Es besteht darin, etwas zu *wollen*, das nur *ohne unser Wollen* in der Aktivität des Körpers geschehen kann.

Die Übergänge von einer niedrigen Form der Aktivität zu einer höheren sind meist diskontinuierlich. Wenn ich dabei bin, eine Geste zu erlernen, kann ich sie noch nicht innerlich ausführen und sie mir deshalb auch nicht vorstellen. Die Integrierungsarbeit geht im Dunkeln vor sich, weil ich das, was geschehen soll, noch nicht kenne. Ich sehe zwar die Geste, wie sie von anderen ausgeführt wird, verstehe sie aber erst, wenn ich sie selbst vollführe. Diese Diskontinuität findet sich in allen unseren Lernprozessen wieder, auch in den intellektuellen. Es besteht eine Diskontinuität zwischen der Aktivität, in der ich mich befinde, wenn ich etwas zu verstehen suche, und der Aktivität, die einsetzt, sobald ich verstehe.

So ergeht es auch der Sängerin, wenn sie zu singen beginnt. Sie lässt den Körper walten und das Wunder geschieht, für sie selbst und für mich. Ich werde von ihrem Gesang ergriffen, weil ihre höher integrierte Aktivität in mir eine höhere Aktivität hervorruft. Es ist dieser Übergang in die höhere Aktivität, der mich so beglückt. Sie ist ergriffen, ich bin es auch.

Wir begegnen hier der *Transzendenz.* Ich bezeichne mit diesem Wort das Phänomen der Diskontinuität, das zuweilen entsteht, wenn die niedrigere Aktivitätsform einer Person auf die höhere Aktivitätsform einer anderen Person trifft. Es ist sinnvoll, in allen solchen Fällen von der Transzendenz des höheren Phänomens zu sprechen. Eine Geste ist ein transzendentes Phänomen für denjenigen, der sie nicht besitzt. Das Verstehen ist ein transzendentes Phänomen für denjenigen, der nicht versteht. Der Gesang der Sängerin ist zu Beginn für mich ein transzendentes Phänomen. Wir können uns auch eine negative Transzendenz denken. Wenn ich eine Geste besitze und gewohnheitsmäßig ausführe, ist es für mich schwierig, mich in den hineinzuversetzen, der sie noch nicht besitzt – oder in den, der noch nicht versteht oder keinen Zugang zum Gesang hat. Gerade diese Fähigkeit aber, diese Regression in niedrigere Formen der Aktivität zu vollziehen und sie dadurch zu verstehen, ist der Kern jeder guten Pädagogik. Wer dazu nicht imstande ist, kann kein guter Lehrer sein. Ihm bleibt das Nichtkönnen, das Nichtverstehen des Schülers ein unverständliches, »transzendentes« Phänomen.

Die positive Transzendenz ist in unserer Existenz ein Ferment. Sie offenbart uns höhere Formen der Aktivität und bewegt uns dazu, selber nach ihnen zu streben. Wenn das transzendente Phänomen zu entfernt scheint, erweckt es in uns Sehnsucht, ja Verzweiflung, wenn es außer Reichweite liegt oder zu liegen scheint. »Je vollkommener ein Ding, desto aktiver und weniger passiv ist es, und umgekehrt, je aktiver, desto vollkommener ist es.«[21] In meiner Jugend bin ich zufällig in der Bibliothek meines Großvaters auf diesen Lehrsatz von Spinoza gestoßen und habe ihn nie wieder vergessen. Auch diese Definition nicht: »Freude ist der Übergang des Menschen von einer geringeren zu einer größeren Vollkommenheit.«[22] Es ist erstaunlich, in welchem Maße sich der Mensch verändern kann.

15. Die *Tat* bewirkt eine weitere Form der Diskontinuität.[23]

Ich gehe über eine Brücke, sehe jemanden, der im Fluss ertrinkt, springe ins Wasser und rette ihn. Ich bin überrascht, denn eine solche Handlung hätte ich mir nie zugetraut. Sie entstand in mir, ich bin ihr gefolgt. Kräfte haben sich vereint und eine unerwartete Potenz in mir hervorgebracht. Solche Handlungen können in jedem von uns entstehen, weil der Körper eine Dimension des Unbekannten besitzt und sich in ihr nicht vorhersehbare Integrierungsprozesse bilden können. Plötzlich werden wir zu einer eigentlichen Ursache.

Ich bin nie ins Wasser gesprungen, um jemandem das Leben zu retten, aber ein kleines Ereignis ist mir in Erinnerung geblieben. Ich saß auf einer Terrasse am Seeufer mit einem Freund und seiner Frau, die mit ihren beiden kleinen Töchtern in Genf zu Besuch waren. Plötzlich erschrickt die Mutter: Das jüngere Mädchen wandelt auf der Promenadenmauer, die sich vier oder fünf Meter hoch über dem Kai des kleinen Hafens erhebt. Das Mädchen ist sich der Gefahr nicht bewusst. Soll man nach ihr rufen? Da ich der einzige Erwachsene bin, der sofort aufstehen kann, und sehe, dass die Kleine nicht in unsere Richtung blickt, laufe ich in die entgegengesetzte Richtung los, mache einen großen Bogen und eile dann in ihrem Rücken auf sie zu, um sie von der Mauer zu heben. Sie hat mich nicht bemerkt. Das Ganze hat nur einen Augenblick gedauert. Die Eltern sind verblüfft, ich auch.

Für mich bleibt das ein kleines *Ereignis*. Ich habe in mir eine Potenz entdeckt, von der ich nichts wusste. Während ich handelte, war die Zeit wie aufgehoben. Ich gewahrte erst, was geschehen war, als ich mir den Ablauf rekonstruierte. Für das Bewusstsein bestand eine doppelte Diskontinuität, nicht aber für die Aktivität des Körpers: Sie wechselte von einer Form in eine andere, dann wieder in die erste. In solchen Ereignissen manifestiert sich das paradoxe Verhältnis von Freiheit und Notwendigkeit: Ich hatte frei gehandelt, indem ich einer Notwendigkeit folgte.

Solche Handlungen sind ihrer viele. Schon ein Wort kann solch eine Handlung sein, wenn es ein

Leben verändert oder in einer kritischen Situation in den Gang der Geschichte eingreift. Zu Beginn eines unvollendet gebliebenen Essais gibt Kleist ein Beispiel eines solchen Wortes und fragt sich, wie es entstand. Der Essay heißt *Über die allmähliche Verfertigung der Gedanken beim Reden.*[24] Hier sei der erste Teil wiedergegeben:

> Wenn du etwas wissen willst und es durch Meditation nicht finden kannst, so rate ich dir, mein lieber, sinnreicher Freund, mit dem nächsten Bekannten, der dir aufstößt, darüber zu sprechen. Es braucht nicht eben ein scharfdenkender Kopf zu sein, auch meine ich es nicht so, als ob du ihn darum befragen solltest: nein! Vielmehr sollst du es ihm selber allererst erzählen. Ich sehe dich zwar große Augen machen, und mir antworten, man habe dir in frühern Jahren den Rat gegeben, von nichts zu sprechen, als nur von Dingen, die du bereits verstehst. Damals aber sprachst du wahrscheinlich mit dem Vorwitz, andere, ich will, daß du aus der verständigen Absicht sprechest, dich zu belehren, und so könnten, für verschiedene Fälle verschieden, beide Klugheitsregeln vielleicht gut nebeneinander bestehen. Der Franzose sagt, *l'appétit vient en mangeant*, und dieser Erfahrungssatz bleibt wahr, wenn man ihn parodiert, und sagt, *l'idée vient en parlant*. Oft sitze ich an meinem Geschäftstisch über den Akten, und erforsche, in einer verwickelten Streitsache, den Gesichtspunkt, aus welchem sie wohl

zu beurteilen sein möchte. Ich pflege dann gewöhnlich ins Licht zu sehen, als in den hellsten Punkt, bei dem Bestreben, in welchem mein innerstes Wesen begriffen ist, sich aufzuklären. Oder ich suche, wenn mir eine algebraische Aufgabe vorkommt, den ersten Ansatz, die Gleichung, die die gegebenen Verhältnisse ausdrückt, und aus welcher sich die Auflösung nachher durch Rechnung leicht ergibt. Und siehe da, wenn ich mit meiner Schwester davon rede, welche hinter mir sitzt, und arbeitet, so erfahre ich, was ich durch ein vielleicht stundenlanges Brüten nicht herausgebracht haben würde. Nicht, als ob sie es mir, im eigentlichen Sinne, sagte; denn sie kennt weder das Gesetzbuch, noch hat sie den Euler, oder den Kästner studiert. Auch nicht, als ob sie mich durch geschickte Fragen auf den Punkt hinführte, auf welchen es ankommt, wenn schon dies letzte häufig der Fall sein mag. Aber weil ich doch irgendeine dunkle Vorstellung habe, die mit dem, was ich suche, von fern her in einiger Verbindung steht, so prägt, wenn ich nur dreist damit den Anfang mache, das Gemüt, während die Rede fortschreitet, in der Notwendigkeit, dem Anfang nun auch ein Ende zu finden, jene verworrene Vorstellung zur völligen Deutlichkeit aus, dergestalt, daß die Erkenntnis zu meinem Erstaunen mit der Periode fertig ist. Ich mische unartikulierte Töne ein, ziehe die Verbindungswörter in die Länge, gebrauche wohl eine Apposition, wo sie nicht nötig wäre, und bediene mich anderer, die Rede ausdehnender, Kunstgriffe, zur Fabrikation meiner Idee auf der Werkstätte der Vernunft, die gehörige Zeit zu gewinnen. Dabei ist mir nichts heilsamer, als eine Bewegung meiner Schwester, als ob sie mich unterbrechen wollte; denn mein ohnehin schon angestrengtes Gemüt wird durch diesen Versuch von außen, ihm die Rede, in deren Besitz es sich befindet, zu entreißen, nur noch mehr erregt, und in seiner Fähigkeit, wie ein großer General, wenn die Umstände drängen, noch um einen Grad höher gespannt. In diesem Sinne begreife ich, von welchem Nutzen Molière seine Magd sein konnte; denn wenn er derselben, wie er vorgibt, ein Urteil zutraute, das das seinige berichten konnte, so ist dies eine Bescheidenheit, an deren Dasein in seiner Brust ich nicht glaube. Es liegt ein sonderbarer Quell der Begeisterung für denjenigen, der spricht, in einem menschlichen Antlitz, das ihm gegenübersteht; und ein Blick, der uns einen halbausgedrückten Gedanken schon als begriffen ankündigt, schenkt uns oft den Ausdruck für die ganze andere Hälfte desselben. Ich glaube, daß mancher große Redner, in dem Augenblick, da er den Mund aufmachte, noch nicht wußte, was er sagen würde. Aber die Überzeugung, daß er die ihm nötige Gedankenfülle schon aus den Umständen, und der daraus resultierenden Erregung seines Gemüts schöpfen würde, machte ihn dreist genug, den Anfang, auf gutes Glück hin, zu setzen. Mir

fällt jener »Donnerkeil« des Mirabeau ein, mit welchem er den Zeremonienmeister abfertigte, der nach Aufhebung der letzten monarchischen Sitzung des Königs am 23. Juni, in welcher dieser den Ständen auseinanderzugehen anbefohlen hatte, in den Sitzungssaal, in welchem die Stände noch verweilten, zurückkehrte, und sie befragte, ob sie den Befehl des Königs vernommen hätten? »Ja«, antwortete Mirabeau, »wir haben des Königs Befehl vernommen« – ich bin gewiß, daß er bei diesem humanen Anfang noch nicht an die Bajonette dachte, mit welchen er schloß: »ja, mein Herr«, wiederholte er, »wir haben ihn vernommen« – man sieht, daß er noch gar nicht recht weiß, was er will. »Doch was berechtigt Sie« – fuhr er fort, und nun plötzlich geht ihm ein Quell ungeheurer Vorstellungen auf – »uns hier Befehle anzudeuten? Wir sind die Repräsentanten der Nation.« Das war es, was er brauchte! »Die Nation gibt Befehle und empfängt keine« – um sich gleich auf den Gipfel der Vermessenheit zu schwingen. »Und damit ich mich ihnen ganz deutlich erkläre« – und erst jetzo findet er, was den ganzen Widerstand, zu welchem seine Seele gerüstet dasteht, ausdrückt: »So sagen Sie Ihrem Königе, daß wir unsre Plätze anders nicht, als auf die Gewalt der Bajonette verlassen werden.«
Worauf er sich, selbstzufrieden, auf einen Stuhl niedersetzte. Wenn man an den Zeremonienmeister denkt, so kann man sich ihn bei diesem

Auftritt nicht anders, als in einem völligen Geistesbankerott vorstellen; nach einem ähnlichen Gesetz, nach welchem in einem Körper, der von einem elektrischen Zustand Null ist, wenn er in eines elektrisierten Körpers Atmosphäre kommt, plötzlich die entgegengesetzte Elektrizität erweckt wird. Und wie in dem elektrisierten dadurch, nach einer Wechselwirkung, der ihm inwohnende Elektrizitätsgrad wieder verstärkt wird, so ging unseres Redners Mut, bei der Vernichtung seines Gegners, zur verwegensten Begeisterung über. Vielleicht, daß es auf diese Art zuletzt das Zucken einer Oberlippe war, oder ein zweideutiges Spiel an der Manschette, was in Frankreich den Umsturz der Ordnung der Dinge bewirkte. Man liest, daß Mirabeau, sobald der Zeremonienmeister sich entfernt hatte, aufstand, und vorschlug: 1) sich sogleich als Nationalversammlung, und 2) als unverletzlich, zu konstituieren. Denn dadurch, daß er sich, einer Kleistischen Flasche gleich, entladen hatte, war er nun wieder neutral geworden, und gab, von der Verwegenheit zurückgekehrt, plötzlich der Furcht vor dem Chatelet, und der Vorsicht, Raum.
Dies ist eine merkwürdige Übereinstimmung zwischen den Erscheinungen der physischen und moralischen Welt, welche sich, wenn man sie verfolgen wollte, auch noch in den Nebenumständen bewähren würde.

Solche Handlungen, solche Worte scheinen einer übernatürlichen Eingebung zu entspringen. Aber sehr oft stellt sich die Eingebung nicht ein. Wir spüren, dass ein Ereignis geschehen sollte, dass die Zeit dazu reif ist, aber es ereignet sich nicht. Es hat begonnen, in mir heranzuwachsen, aber der Integrierungsprozess ist auf ein Hindernis gestoßen und bleibt unvollendet. Daraus entsteht die Melancholie. Sie ist das Gefühl einer nicht aktualisierten Potenz.

IV.

16. Ich habe die erste Hälfte meines Lebens damit zugebracht, die Ideen anderer auszuprobieren. Ich dachte, dass ich früher oder später auf die für mich passenden stoßen würde. Eines Tages bin ich des Suchens überdrüssig geworden und habe entschieden, mich an das zu halten, was ich selbst beobachten konnte, und mich nur noch für die Probleme zu interessieren, auf die ich in meiner beschränkten Erfahrung selber stieß. Auf diesem Weg, so dachte ich, würde ich wenigstens zu einigen begrenzten Gewissheiten gelangen. Ich sammelte Beobachtungen, es wurden immer mehr, und zu einem bestimmten Zeitpunkt ereignete sich etwas Neues. Zwischen Dingen, die ich beobachtet hatte, stellten sich Bezüge her, es bildeten sich Motive. Ich wurde gewahr, dass da ein eigenes Denken entstand. Ich glaubte zunächst, dass es in Bezug auf die bestehende Ideenwelt nur eine Randerscheinung sein konnte, entdeckte aber, dass es mir gestattete, mit anderen Denkweisen ins Gespräch zu kommen. Es lieferte mir sogar einen Prüfstein, mit dem ich das Denken der anderen beurteilen und im Gegenzug meine eigene Anschauung genauer bestimmen konnte.

Hat dieses Denken für andere irgendwelchen Wert? Ich habe mir diese Frage oft gestellt und lange zwischen zwei Antworten gezögert. Es ist so eng mit meiner eigenen Geschichte verbunden, sagte ich mir einerseits, dass es höchstens eine kleine Zahl von geistesverwandten Menschen interessieren kann. Dann wieder schien es mir grundlegende Probleme lösen und deshalb auch andere Menschen interessieren zu können. Da ich das nicht selbst entscheiden kann, möchte ich den Leser kurz über die Beziehungen aufklären, die meines Erachtens zwischen meinen Ideen und meiner persönlichen Erfahrung bestehen. Er wird dann imstande sein, »für sich nachzurechnen«, wie das Stendhal in seinen *Mémoires d'un touriste* ausdrückt[25]: Er machte es sich zur Pflicht, die von ihm gesammelten Anekdoten so genau nachzuerzählen, dass sich jeder darauf stützen konnte, um in der Erkenntnis der »Absonderlichkeiten des menschlichen Gemüts« voranzuschreiten.

Seit dem Ende meiner Jugend habe ich versucht, *neu anzufangen*. Ich suchte nach einer Quelle, die mir fehlte. Ich wusste weder, wo ich nach ihr suchen sollte, noch was danach geschehen würde. Diese Suche hat aus mir einen in sich gekehrten Menschen gemacht, einen Träumer, aber auch einen neugierigen Kopf – zumindest neugierig auf alles, was für diesen Neubeginn von Belang zu sein schien.

Die Umstände haben es so gewollt, dass ich mich dem Studium Chinas zuwandte, aber dieser Zufall war nicht absurd, denn es bestand vielleicht eine Beziehung zwischen diesem Land, über das man so wenig wusste, und dem unbekannten Punkt, den ich finden wollte.

Viel später habe ich eine schwere Krise durchgemacht. Sie war eine Folge der ständigen Überlastung, der ich seit Jahren an der Universität ausgesetzt war, aber sie hatte auch eine verborgene Ursache. Die Persönlichkeit, die ich seit meiner Jugend entwickelt hatte, drohte zusammenzustürzen. Ich hatte sie aus Willenskraft aufgebaut und aufrechterhalten, aber die Kraft begann zu fehlen. Ich war im Begriff zu scheitern. Der Zusammenbruch trat ein, und nachdem ich bis auf den Grund gesunken war, begann ich zu verstehen, was geschehen war. Es wurde mir klar, dass ich seit meiner Jugend wie abgeschnitten war von meiner Kindheit und dieses frühere Leben für mich eine Art Abgrund war. Meine Mutter hatte mir eine tief in ihr hausende stumme Angst übertragen, die ihren Ursprung in ihrer fernen Vergangenheit hatte. Sie drückte ihre Gefühle nicht aus, sodass ich es mir nicht angewöhnte, die meinen auszudrücken. Ich bin mit der Angst vor der Katastrophe aufgewachsen, zu der es kommen könnte, wenn ich ihnen freien Lauf ließe. Nun entdeckte ich, dass Gefühle, die sich nicht manifestiert haben, tief im Körper eingeprägt bleiben, mitunter für immer. Ich lernte, was Gefühlsausbrüche sind: Sie entstehen, wenn Kräfte, anstatt sich gegenseitig zu lähmen, sich vereinen und zusammen entladen. Die Gefühle, die sich einst nicht entwickeln konnten, tobten sich nun aus. Diese große Eisschmelze riss mich beinahe fort (so ist es mir vorgekommen), aber ich fand da die Quelle, die ich seit meinem Eintritt ins Erwachsenenalter gesucht hatte. Sie war in mir. Es war das Gefühl.[26] Seither sehe ich den Gefühlsausbruch als ein Integrierungsphänomen an, das die Aktivität des Körpers von einem lähmenden Konflikt befreit und wieder zum Leben erweckt.

Ich könnte dem Leser ein vollständigeres Bild meiner Vergangenheit geben, in dem er anderen Personen begegnen würde. In erster Linie meiner Gemahlin, die sich mit Glück an ihre Kindheit in Peking erinnert. Ihre Existenz hat einen unerschütterlichen Sockel, der mir immer fehlen wird. Sie drückt ihre Empfindungen und Gefühle unmittelbar aus. Ihre Stetigkeit und Heiterkeit sind von unschätzbarem Wert für mich gewesen, wie auch ihre Unterstützung während meines Abstiegs in die Hölle. Mit einer Philosophie der Integrierung weiß sie nichts anzufangen, sie braucht sie nicht.

Traurigkeit und Angst sind in mir geblieben, aber nun als eine Art nie versiegender Quelle. Wenn sie mich packen, lasse ich sie gewähren. Sie bemächtigen sich meiner, reifen heran und erzeugen schließlich jedes Mal eine wohltuende Rührung. Dies ist zu einem Gesetz meiner Natur geworden. Ich brauche diesen Quell. Ich brauche ihn wie jenen anderen Quell, den ich im Café finde: *den Ort, wo die Dinge beginnen*.

Die Anfänge meines Lebens haben aus mir einen Einzelgänger gemacht. Die mangelnde Kommunikation mit mir selbst schnitt mich auch von den anderen ab, weil ich in ihrer Gesellschaft die angemessenen Reaktionen nicht fand. Diese Hemmung ließ mir sehr bald das gesellschaftliche Leben zu einer Qual werden. Ich zog es vor, mich in mich zurückzuziehen. Natürlich habe ich gelernt, den Erwartungen der anderen gerecht zu werden, aber die Mühe, die mich das kostete, erschöpfte mich. Sobald ich allein war, fand ich mein Gleichgewicht wieder. Die Einsamkeit war ein Fluch, aber auch ein Segen. Ich verdanke ihr das Kostbarste in meinem Leben.

Mittlerweile sehe ich in diesem ganzen Abenteuer das Gesetz der Integrierung und komme zu dem Schluss, *dass es die Integrierung ist, die in uns das Leben erzeugt.*

17. Eine Krise wie die meine nennt man »Depression«, aber das Wort, wie William Styron bemerkt hat, gibt ein falsches Bild dieses Leidens.[27] Obwohl es so scheinen mag, ist es kein Einsinken. Im Kern ist es ein Konflikt, der unerträglich wird, weil zwei gleich starke Kräfte aufeinandertreffen, sich gegenseitig in Schach halten und sich in einer Art bewegungslosem Widerstand versteifen. Man erstarrt. Ein Angstgefühl beschleicht einen. Es scheint grundlos, weil es vom Widerstreit unbekannter Kräfte verursacht wird. Es kann sich in einen namenlosen Schmerz verwandeln, der einen ganz erfasst, nicht den geringsten Freiraum übrig lässt, keinen Abstand erlaubt. Dem Körper bleibt kein anderer Ausweg, als seine ganze Aktivität herabzusetzen, was

zur Folge hat, dass alle Fähigkeiten geschwächt werden und es unmöglich wird, ein normales Leben zu führen. Die Anpassungsfähigkeit verschwindet, was zu einem Gefühl äußerster Verletzlichkeit führt und Furcht vor den anderen zur Folge hat. Man kann nur noch mit den wenigen Menschen verkehren, in die man ein unbedingtes Vertrauen hat.

Hinzu kommt, dass die Leute, die diese Qual nicht selbst gekannt haben, einen nicht verstehen und sinnlose Ratschläge erteilen. Dieses Leiden ist ihnen umso unverständlicher, als man äußerlich bei bester Gesundheit zu sein scheint. Es überkommt einen daher ein entsetzliches Gefühl der Unwürde. Ich bin mir manchmal vorgekommen wie jemand, dem durch unsichtbare Fesseln Arme und Beine gebunden worden sind und von dem man verlangt, er solle tanzen oder auch nur einen Schritt machen: Er weiß, dass er bei der kleinsten Bewegung umfallen wird, aber er kann den anderen nicht klarmachen, in welcher Situation er sich befindet.

Aus dieser Erfahrung habe ich eine gewisse Idee des Leidens gezogen. Der Schmerz hat eine äußere Ursache, auf die man meistens einwirken kann. Mit dem Leiden verhält es sich anders, weil es durch einen Konflikt bewirkt wird, der unsere Aktivität in ihrem Innern lähmt. Es sitzt im Innersten dessen, was wir sind. Und es kann uns in schier unerträglicher Weise zu einer unbeweglichen, ohnmächtigen Masse werden lassen, gleichsam zu einem Stück weißglühendem Metall.

Aus dieser Definition folgt, dass der Mensch dem

Leiden unmöglich ganz entgehen kann, weil es unvermeidlich ist, dass hier und da innere Konflikte in ihm entstehen. Das Leiden gehört zu seiner Natur, so wie die Freude. Es sind zwei Formen seiner Aktivität.

Aus dieser Definition ergibt sich der Weg zu einer Genesung. Er ist immer ein und derselbe: die Spannung herabsetzen und dadurch einen Spielraum schaffen, in dem die Kräfte des Körpers wieder in Bewegung geraten können; die inneren Mauern, die man errichtet hat, ins Wanken bringen, bis sie schließlich einstürzen und die Gefühle ausbrechen können. Dies kann einem Abstieg in unterirdische Schächte und Höhlen gleichen. Die Hypnose erleichtert dieses Unterfangen, weil das Bewusstsein, das zuschaut, sich jeden Eingriffs in den Vorgang enthält und dadurch die Wiederkehr der Bewegung begünstigt. Das Leben macht sich wieder bemerkbar. Von unten aus beginnt es erneut. Die Integrierung setzt dort wieder ein, wo sie zum Stillstand gekommen ist. Dieser neue Anfang wirkt wie ein Wunder. Ich sehe zu, wie ich meine Fähigkeit zurückgewinne, mich zu erinnern, Interesse zu empfinden, Ideen zu bilden, neue Synthesen zu schaffen und mich dadurch den Umständen anzupassen, mit anderen Leuten zu verkehren. Ich sehe zu, wie in mir die Integrierung in allen ihren Formen wieder einsetzt.

Primo Levi hat bemerkt, dass von den Opfern der Konzentrations- und Vernichtungslager nur diejenigen Zeugnis ablegen konnten, die am wenigsten gelitten hatten.[28] Für das seelische Leiden gilt das ebenso. Ich weiß sehr wohl, dass meine Krise im Vergleich mit anderen eine kleine war. Vielleicht konnte ich eben darum über sie nachdenken, wie ich es getan habe – und ein tiefes Mitleid für diejenigen gewinnen, die keinen Ausweg finden.

Ich denke, dass das Leiden äußere Ursachen haben kann, aber hauptsächlich durch die innere Lähmung entsteht, die äußere Ursachen in uns bewirken. So wird für mich auch verständlich, warum ein unbedeutendes Übel ein beißendes, anhaltendes Leiden auslösen kann und warum unter demselben Übel die einen so sehr, andere so wenig leiden. Daraus erklärt sich auch, warum gewisse Leiden für Außenstehende so unerklärlich sind – ebenso wie gewisse Freuden, die nichts anderes sind als unsere Aktivität, wenn sie sich ihrer selbst erfreut.

18. Die religiöse Erfahrung folgt denselben Gesetzen. Die Religionen führen gewisse Phänomene, die uns mit Staunen und Bewunderung erfüllen, auf übernatürliche Ursachen zurück. In Wirklichkeit sind diese Phänomene deshalb »transzendent«, weil sie einer höheren Form der Aktivität entspringen als die Aktivität der jeweiligen Zeugen. Was die Christen »Gnade« nennen, ist der unerwartete Übergang zu einer höheren Form der Aktivität, der sowohl dem, der handelt, als auch den anderen wie ein Wunder erscheint. Die Gabe der Rede ist ein Beispiel dafür. Jesus sagt zu seinen Jüngern : »Wenn sie euch nun führen und überantworten werden, so sorget nicht,

was ihr reden sollt, und bedenket auch nicht zuvor; sondern was euch zu der Stunde gegeben wird, das redet. Denn ihr seid's nicht, die da reden, sondern der heilige Geist.« (Markus 13,11.) Anderswo sagt er: »Denn ihr seid es nicht, die da reden, sondern eures Vaters Geist ist es, der durch euch redet.« (Matthäus 10,20.) Die Wirkung, die Jesus Gott zuschreibt, können wir ebenso gut dem Körper, seiner Dimension des Unbekannten und den unerwarteten Integrierungsphänomenen zuschreiben, die sich darin ereignen. Der Glaube ist nach den Evangelien das Rettende. Aber woher kommt der Glaube? Auf diese Frage antwortet Jesus einfach: »Habt Glauben an Gott.« (Markus 11,22.) Wir sagen: Öffnet euch der Dimension des Unbekannten, die in euch ist und aus der die wirksamen Handlungen hervorgehen. Jesus setzt hinzu: »Alles, was ihr bittet in eurem Gebet, glaubet nur, das ihr's empfangen werdet, so wird's euch werden.« (Markus 11,24.) Jesus fordert seine Jünger auf zu beten, anders gesagt: in sich die Leere herzustellen, in der sich das erwünschte Integrierungsphänomen ereignen kann. Hannah Arendt zufolge steht im Mittelpunkt der Lehre Jesu das Vermögen des Menschen, Wunder zu vollbringen: das Vermögen, Unwahrscheinliches entstehen zu lassen und dadurch den Lauf der Dinge zu ändern. So sagt denn auch Jesus zu seinen Jüngern, nachdem sie versucht haben, Kranke zu heilen, und gescheitert sind: »O du ungläubige und verkehrte Art, wie lange soll ich bei euch sein? wie lange soll ich euch dulden?« (Matthäus 17,17.) »Wer an mich glaubt«, sagt er ihnen ganz deutlich, »der wird die Werke auch tun, die ich tue, und wird größere als diese tun.« (Johannes 14,12.)

Die religiösen Phänomene, die außergewöhnlichen wie die gewöhnlichen, sind in der Vergangenheit stets nach demselben Paradigma gedeutet worden. Sie wurden als Auswirkungen einer äußeren Kraft gesehen, die Gott zugeschrieben wurde. Gott war eine Macht, die sich außerhalb von uns befand, sich aber in ebenso unerklärlicher wie unvorhersehbarer Weise inmitten unserer Aktivität manifestieren konnte. In Zeiten, da man allgemein an Götter oder an den einen Gott glaubte, schien diese Erklärung vernünftig. Sie führte zu Schwierigkeiten, die die Theologie löste, so gut sie konnte, zuweilen mittels komplizierter Spekulationen. Seitdem das alte Paradigma aber seine Überzeugungskraft eingebüßt hat, sind diese Schwierigkeiten unüberwindbar geworden: Wie sollen wir heute erklären, dass unser Zugang zu unserer innigsten Aktivität von einer äußeren Kraft abhängig sei, und wie sollen wir uns diese Kraft denken? In meinem Paradigma erübrigt sich die Annahme einer solchen Kraft. Unsere Erfahrungen, auch die außerordentlichen, erklären sich einzig und allein aus unserer Aktivität. *Der Geist fährt nicht mehr von oben auf uns herab, sondern bildet sich in uns, von unten nach oben. Die Dimension des Unbekannten liegt tief im Körper und seiner Aktivität, sie schwebt nicht mehr irgendwo über uns.* Dies ist eine genaue Umkehrung des alten Paradigmas.

Diese Umkehrung zieht nicht den geringsten Verlust nach sich. Die ganze Menschenkenntnis, zu der das Judentum und das Christentum gelangt sind, ist im neuen Paradigma bewahrt. Die Transzendenz des Göttlichen findet sich in den Transzendenzphänomenen wieder, die sich in unserer Aktivität ereignen, wenn sie mit höheren, scheinbar andersartigen Formen der Aktivität konfrontiert ist oder selbst durch einen Sprung in eine höhere tritt.

Der Vorzug dieser Umkehrung besteht auch darin, dass die religiösen Phänomene, da sie denselben Gesetzen der Aktivität gehorchen wie alle anderen, nicht mehr einer gesonderten Kategorie zugeordnet werden müssen. Umgekehrt verstehen wir gewisse Aspekte der alltäglichen Erfahrung besser, weil wir sie nun mit dem Religiösen in Beziehung setzen können. Dieses einheitlich gewordene Verständnis führt uns dazu, die allgemeinen Gesetze der Aktivität besser zu erfassen und dadurch unsere Potenz zu entwickeln.

Diese Umkehrung hat noch einen weiteren Vorzug: Sie setzt der Verabsolutierung der Transzendenz ein Ende. Da sich die Transzendenzphänomene *in unserer Aktivität* zutragen, brauchen wir nicht mehr die Vorstellung von einer anderen Macht, die von außen in unser Leben eingreift. Umso besser, denn die Fiktion einer solchen Macht hat unzählige Missbräuche und Gewalttaten gerechtfertigt. Sie hat es erlaubt, die Macht – die religiöse wie die politische – als Emanation einer höheren Wirklichkeit auszugeben und die Gemeinsterblichen zu überzeugen, dass diese Macht außer ihrer Reichweite liege, aber bis in ihr Innerstes über sie walte.

Wie bin ich aber auf die Idee dieser Umkehrung gekommen? Mein jahrelanger Umgang mit der chinesischen Welt hat eine Rolle gespielt, denn ein ganzer Strang der taoistischen Weltauffassung (der taoistischen Religion mehr noch als der taoistisch genannten Philosophen aus der vorkaiserlichen Zeit) legt einen solchen Vorrang des Körpers nahe. Diese Umkehrung hat aber auch einen anderen Grund. Mein Großvater mütterlicherseits war Pfarrer, protestantischer Theologe und Universitätsprofessor. Seine Ehrfurcht gebietende Gestalt hat die Familie so sehr beherrscht, dass ich als junger Mensch sein Erbe völlig verworfen habe. Wahrscheinlich war meine spätere Wahlverwandtschaft mit China eine Folge davon. Ich habe lange geglaubt, dass der Bruch endgültig sei, doch seit einigen Jahren kommt es mir vor, als hätte ich die Welt umreist und, von einem mir unbekannten Kompass geleitet, den Ort wiedergefunden, an dem meine Geschichte begonnen hat. Ich habe mich wieder den religiösen Fragen zugewandt, weil ich die christliche Religion und ihre Theologie – oder besser: ihre verschiedenen Theologien – nun aus freien Stücken angehen konnte. Nach meiner Umkreisung der Welt entdeckte ich sowohl ihre Merkwürdigkeiten als auch die Wahrheiten, die sie enthalten.

Etwas Entscheidendes geschah, als ich ein Buch über Dietrich Bonhoeffer las, das ein Freund, selbst ein Theologe, der rebellischen Art aber, gerade veröffentlicht hatte. Der deutsche Theologe und Widerstandskämpfer wünschte sich für die Christen »eine neue, womöglich nichtreligiöse Sprache«.[29] Das bewog mich, das alte Paradigma nicht mehr zu verwerfen, sondern umzukehren.

In Wahrheit träumte ich schon längst von einer solchen Unterwanderung. Ich fühlte mich besonders von zwei Surrealisten angezogen, Max Ernst und Luis Buñuel, die beide durch ihre Erziehung von den Mysterien der katholischen Religion tief geprägt waren und infolge einer ähnlichen Umkehrung zu Visionären des *von unten Kommenden* geworden sind. Beide (Max Ernst mehr noch als Buñuel) haben diesen Mysterien einen traumhaft-fantastischen Reiz verliehen, weil sie sie zurück in den Urgrund getaucht haben, aus dem sie ursprünglich hervorgegangen sind: die menschliche Einbildungskraft.[30]

Die Umkehrung war kein plötzliches und einfaches Ereignis. Etwas hat sie ausgelöst, aber sie war auch das Ergebnis eines Reifeprozesses. Im Laufe der Jahre war ich hin und wieder auf religiöse Erfahrungen gestoßen, die angeblich übernatürliche Ursachen hatten, aber so nüchtern und genau beschrieben wurden, dass sie offensichtlich rein menschlich waren. Teresa von Avila beispielsweise berichtet in ihrer Autobiografie, wie sie eines Tages beim Gebet Jesu Anwesenheit verspürte, *ihn aber nicht sah*. Er schien sich zu ihrer Rechten aufzuhalten, sagt sie, etwa zwei Ellen von ihr entfernt.[31] Ich bin auch auf verschiedene Phänomene aufmerksam geworden, die sich für mich ganz natürlich aus den Gesetzen der Aktivität erklären, aber von Christen als Zeichen göttlichen Eingreifens gedeutet werden.

Es waren zum Beispiel Momente, in denen ich dringend handeln musste, aber in meiner Bedrängnis nicht wusste, was ich tun sollte. Doch ich ließ mich nicht beirren, denn ich spürte in mir eine unbekannte Kraft, die im Begriff war, wirksam zu werden – eine Potenz. Der Übergang vom alten Paradigma zum neuen nahm die Form einer Umkehrung an, aber war mehr noch die Folge einer neuen Synthese, das Resultat eines langen Integrierungsprozesses.

19. Wenn die Vorstellung einer transzendenten Wirklichkeit verworfen und das Prinzip der Integrierung voll und ganz anerkannt wird, erscheint die *Person* als das höchste Phänomen: als die Vollendung des komplexesten Integrierungsprozesses, den es gibt, aus dem die höchste Potenz entsteht.

Die jüdische und christliche Religion erkennt zwar auf ihre Weise den höchsten Wert der Person an, indem sie Gott als eine Person auffasst, die sich an die Person im Menschen richtet. Doch bleibt sie in einem unüberwindlichen Widerspruch gefangen, weil sie darauf beharrt, ihn zugleich als eine transzendente Macht zu betrachten. Dadurch verhindert sie, dass die Potenz im Menschen voll und ganz anerkannt wird.

Als ich einmal mit einem für den Philosophieunterricht in den Gymnasien zuständigen Schulrat und dessen Freundin, einer Kant-Spezialistin, durch Straßburg spazierte, kam ich auf die »Person« zu sprechen. Die Kant-Spezialistin blieb stehen und fragte mich: »Wie definieren Sie diesen Begriff?« Ich erklärte ihr, die Person sei für mich nicht etwas, das man definiert, sondern etwas, das sich manifestiert – wie ich mich eben gerade manifestierte, indem ich zu ihr sprach. Sie hat mich verblüfft angesehen und darauf verzichtet, ein Gegenargument zu suchen. Ich hatte meine Auffassung genau zum Ausdruck gebracht.

Anstatt die Person *in abstracto* zu definieren, will ich deshalb ihre wichtigsten Eigenschaften hervorheben.

Jede Person ist *einzigartig*. Sie ist es wegen der besonderen Umstände, auf die sie gestoßen ist, der Elemente der Erfahrung, die sie integriert hat, der Potenzen, die sie entwickelt hat. Paul Valéry schrieb: »Für das Vergnügen, das mir ein Mensch durch sein besonderes Wesen, durch den Klang seiner Stimme, sein Auftreten, seine Sprechweise bereitet, bin ich dankbarer als für einen geleisteten Dienst, für einen willentlich erbrachten Gefallen.«[32]

Die Person ist letztlich *unergründlich*. Das liegt an der Komplexität der Synthese, aus der sie entsteht, an der Dimension des Unbekannten, die ihr innewohnt, und an den neuen Synthesen und Handlungen, die aus ihr entstehen können. Eine wahrhaftige Person entzieht sich der rein gesellschaftlichen Bestimmung.

Eine weitere Eigenschaft der Person ist ihre *Geschichtlichkeit*. Sie hat eine Geschichte. Sie ist das Ergebnis der Handlungen, die in ihr entstanden sind und die sie als die ihren anerkannt hat. Ihre

Geschichtlichkeit muss aber auch anders verstanden werden. Sie ist Teil einer weiteren Geschichte – die ihrer Familie, ihrer ursprünglichen sozialen Umwelt und der anderen Kreise, in denen sie verkehrt, schließlich der Gesellschaft ihrer Zeit insgesamt. Deshalb enthalten die Synthesen, aus denen ihre Handlungen hervorgegangen sind, Elemente des Zeitgeschehens, des historischen Moments. Ihre Geschichtlichkeit liegt ferner daran, dass ihre Handlungen für die anderen Folgen haben können: so zum Beispiel nach Kleist die Worte Mirabeaus. Sie entsprangen einer Synthese, in der sich seine politische Erfahrung, seine innigsten Bestrebungen und die Wünsche der Abgeordneten trafen. Auch die Geschichte hat eine Dimension des Unbekannten.

Hinzu kommt endlich, dass die Person *um ihre Sterblichkeit weiß*. Sie ist sich ihrer Sterblichkeit bewusst, weil sie ihre eigene Einzigartigkeit kennt. Sie nimmt den Tod auch hin, weil sie ihre Potenz bis zu ihrer Vollendung entwickelt hat und weiß, dass es darüber hinaus Besseres nicht gibt. Wir sind dazu berufen, auf diese Weise *zu Sterblichen zu werden*. »Dem Tod verdanken wir alles«, sagte Buñuel.[33]

Der Sinn, den ich dem Wort »Person« verleihe, ist nicht neu. Ich lege lediglich eine Bedeutung frei, die es in Europa schon seit langem hatte, die aber vielleicht nicht so dargestellt wurde. Meine Hochschätzung der europäischen Tradition hängt wesentlich mit dieser Vorstellung der Person zusammen – die zum Beispiel im Aufkommen des Porträts in der Renaissance zum Ausdruck kam.

Das besondere Gewicht, das ich dem Wort hier gebe, hat es im alltäglichen Gebrauch nicht. Wenn es die Person als vollendete Potenz bedeutet, nimmt es einen anderen Sinn an als den, der ihm zukommt, wenn es die Personen – die Leute – im gewöhnlichen Sinne bezeichnet. Zwischen beiden Wortbedeutungen besteht jedoch eine Beziehung. Die Vorstellung, die ich von einer mir bekannten Person habe, ist die Synthese aller Momente, in denen sie mich, im Kleinen wie im Großen, überrascht hat. Sie ist auch deshalb für mich eine Person, weil sie mich in Zukunft erneut überraschen und dazu zwingen kann, das Bild, das ich von ihr habe, zu bereichern oder zu verändern.

»Individuum« ist hingegen ein bedeutungsarmes Wort. Es dient als Verrechnungseinheit. Es dient auch dazu, die »Individuen« der »Gesellschaft« abstrakt gegenüberzustellen oder auch jemandem die Eigenschaft einer Person abzusprechen.[34]

20. Wegen der Einzigartigkeit jeder Person bilden Personen zusammen immer eine Vielheit. Und da die Person die höchste Wirklichkeit ist, ist diese Vielheit absolut. Es gibt nichts Höheres.

Unter ihnen herrscht sowohl Gleichheit als auch Ungleichheit.

Gleich sind wir in unserer Veranlagung. Wir sind alle dazu berufen, Personen zu werden. Man bedenke nur, wie rasch kleine Kinder auf diesem Weg voranschreiten (dies sei zu Ehren von Constance gesagt, die zwei Jahre alt ist). Ungleich werden wir, weil die einen diese Berufung verwirklichen, während andere auf Schwierigkeiten stoßen, die sie nicht überwinden können, und darunter leiden. Wenn keine heilsame Krise sie wieder in Bewegung versetzt, verkümmern sie. Wenn die Schwierigkeit unüberwindbar ist und ein zu großes Leiden verursacht, kann es geschehen, dass sie sich am Ende davon zu befreien suchen, indem sie sich selbst zerstören oder anderen Gewalt antun.

Es entstehen zufällige Ungleichheiten, wenn zwei Menschen einander begegnen, die, jeder auf seinem Weg, unterschiedlich weit vorangekommen sind. Derjenige, der auf seinem Weg weiter gekommen ist, beeindruckt den anderen durch seine größere Präsenz und Potenz, durch seine Fähigkeit, aus eigenem Antrieb zu handeln.

Solche Ungleichheiten sind für unser moralisches Empfinden wesentlich. Wer sich unterlegen fühlt, verspürt Beklemmung, Scham oder Furcht oder wird unterwürfig, was im anderen Herrschsucht erwecken kann. Das Gefühl der Unterlegenheit kann aber auch das Begehren nach einer höheren und freieren Lebensform wecken. Deshalb sagt Spinoza, dass »der Mensch dem Menschen nützlich ist«. In seiner *Ethik* schreibt er: »Je mehr ein jeder das ihm Nützliche sucht, desto nützlicher sind die Menschen füreinander.«[35]

Als ich mit dem Studium des Chinesischen begann, unterrichtete Paul Demiéville am Collège de France. Er herrschte über die französische Sinologie. Als ich ihn zum ersten Mal in seinem Familiensitz in Mont-la-Ville im Jura besuchte, erwartete ich, dass nur von Sinologie die Rede sein würde. Ich war davon überzeugt, dass man in die Sinologie eintrete wie in einen Glaubensorden. Demiéville war aber in eine Joyce-Biografie versunken und fragte mich nach einem gewissen Billeter, dem Joyce in Zürich begegnet war. Ein anderes Mal sprach er mit Bewunderung von Ernesto de Martinos Studie über das Tarantularitual in Apulien.[36] Wenn er ein Buch begann, so erfuhr ich, und er das Vorwort schlecht fand, warf er es gleich weg. Ich entdeckte, dass die Qualität sinologischer Arbeiten vom Fachwissen und der philologischen Strenge abhängt, aber auch eine Frage der Neugierde in allen Dingen und des Temperaments ist. Dies ein Beispiel für die Wirkung, die eine Person auf eine andere haben kann.

Als ich noch aufs Gymnasium ging, habe ich mit zwei Klassenkameraden Alberto Giacometti in Paris besucht. Seine Frau Annette war mit meiner Mutter verwandt. Sie empfing uns sehr freundlich und stellte uns Alberto vor. Da wir alle drei gerne zeichneten und uns üben wollten, schlug er uns vor, ihm in sein Atelier zu folgen, wo er sich wieder an seine Arbeit setzte. Ich sehe heute noch, mit welcher Lebendigkeit seine Hände den Lehm einer unfertigen Skulptur bearbeiteten. Nach einer gewissen Zeit erhob er sich, umwickelte die Statue mit einem feuchten Tuch und lud uns ins Café ein. Während des Gesprächs, das wir dort hatten, zog einer von uns eine Streichholzschachtel hervor, auf der ein winziges Foto mit nackten Frauen zu sehen war. Es war ein Andenken vom Vorabend, den wir im Pigalleviertel verbracht hatten. Giacometti war lebhaft interessiert und fragte, ob er sie behalten dürfe. Diese Natürlichkeit hat mich beeindruckt. Er war frei von den Konventionen, in denen ich aufgewachsen war, und behandelte uns wie Seinesgleichen. Wenn ich später an ihn dachte, überkam mich oft eine Art leiser Verzweiflung. Das Leben, das er führte, war nur wenigen außerordentlichen Menschen gegeben, dachte ich, zu denen ich nicht gehörte. Jahre später aber, als ich ihn besser verstand, schien mir die Distanz nicht mehr ganz unüberbrückbar. Heute sehe ich genau, was er wollte. Er versuchte unablässig, *das wirklich Wirkliche* wiederzugeben: die Wirkung, die die Präsenz einer Person, Mann oder Frau, in Wirklichkeit auf uns hat. Was ich hier in dieser Schrift zu erfassen suche, ist ebenso zentral und letztlich vielleicht ebenso unfassbar. Fast täglich denke ich an seine Beharrlichkeit und Redlichkeit.

So wirkt die Ungleichheit, die dem Menschen so nützlich ist. Aber die Gleichheit ist mir ebenso wichtig. Dies kommt, glaube ich, in meinen ästhetischen Vorlieben zum Ausdruck.

Wenn Glenn Gould Bach spielt, erfüllt er mich mit Freude, weil er alle melodischen Linien besonders klar scheidet und dadurch zugleich eine Einheit und eine Vielheit schafft. Er war Linkshänder, sodass er geneigt war, den Bässen ein besonderes Gewicht zu verleihen, aber diese Gewichtung der Stimmen bringt auch ein moralisches Empfinden zum Ausdruck, ein protestantisches: Bachs Empfinden eben. Der Zauber entsteht aus der Vielfalt der Beziehungen zwischen gleichgestellten Teilen. Ein derartiger Kontrapunkt verlangt vom Pianisten einen hohen Grad der Integrierung: Er muss die Ausführung der einzelnen Stimmen ganz dem Körper anvertrauen und von einer höheren Warte aus, wo er sich gleichsam in der Schwebe hält, sich auf ihre wechselseitigen Beziehungen konzentrieren. Wer ihm aufmerksam zuhört, tut etwas Entsprechendes. Deshalb auch Glenn Goulds Vorliebe für das *pizzicato*: Wenn der Zuhörer aus getrennten Noten eine Melodie schafft, entwickelt er eine höhere Aktivität, als dies der Fall wäre, wenn die Noten schon miteinander verbunden wären – und empfindet deshalb ein größeres Vergnügen.

Ein anderes Beispiel: Wie es Giuseppe Tomasi di Lampedusa bemerkt hat, wechseln Stendhals Figuren ständig vom inneren Dialog, den sie mit sich selbst führen, zum äußeren Dialog mit anderen – und umgekehrt, so wie wir es in der Wirklichkeit alle tun. Aus dieser wahrheitsgetreuen Verkettung entsteht ein fortwährender Kontrapunkt, der einen umso höheren Wahrheitswert hat, als er den Überlegungen aller Protagonisten, ob Männer oder Frauen, jedes gesellschaftlichen Ranges, einen gleichen Wert beimisst, woraus *sowohl Vielheit als auch Gleichheit* entsteht.[37] Er hat zudem einen besonderen Sinn für Diskontinuitäten, für Wechsel von einer Aktivitätsform in eine andere, für unerwartete Handlungen. Er bewundert die Potenz. Es gibt für ihn nichts Höheres als die Person. Er hat auch einen ausgeprägten Sinn für die Geschichtlichkeit seiner Figuren – und seiner selbst. »Ich vermute, dass in fünfzig Jahren irgendein Verleger Fragmente aus meinen Büchern zusammenflicken wird, die möglicherweise wegen ihrer Ehrlichkeit gefallen werden, ja vielleicht sogar als *wahr* empfunden werden.«[38]

Glenn Goulds und Stendhals Welten gefallen mir, weil ich in ihnen eine Vielheit erblicke, die keine Hierarchien kennt, oder wenn, dann nur zeitweilige, die sich früher oder später umkehren oder auflösen, weil die gegenseitige Einwirkung der Personen aufeinander und der Dialog zwischen ihnen nie aufhören.

Ich stehe für einen Pluralismus ein, den ich als absolut oder radikal bezeichnen möchte, weil er keiner höheren Ordnung unterstellt ist und in keiner höheren Wirklichkeit aufgeht. Ich sehe diese Art von Pluralismus als das Kostbarste an, das Europa hervorgebracht hat. Ich habe China geschätzt, über fünfzig Jahre seine Geistesgeschichte studiert, aber etwas mit diesem Pluralismus Vergleichbarem bin ich dort nie begegnet, oder nur in verschwommenen Ansätzen. Nach diesem langen Abenteuer empfinde ich mich *aus ebendiesem Grunde* als Europäer. Vielfalt und Verschiedenheit der Sprachen, der Personen, der Werke, der Städte.

Der absolute Pluralismus gilt auch im intellektuellen Bereich. Ich betrachte die Vielfalt der Sprachen, des Wortschatzes, der Ideen als unüberschreitbar – daher auch der unbestimmte Artikel im Titel dieser Schrift: Es handelt sich um *ein* Paradigma neben anderen, dessen man sich bedienen soll, wie man sich *eines* Werkzeugs aus einem Werkzeugkasten bedient. Dieser Pluralismus der Methode ist grundlegend. Es ist der Pluralismus, den Pascal Descartes entgegenhielt: Jedem Problem seine Methode, denn die Vorstellung einer übergreifenden Wissenschaft, einer *mathesis universalis*, ist eine Illusion.[39]

V.

21. Beobachten wir weiter.

»Was ist die Zeit?«, fragte sich Augustinus. »Wenn mir keiner diese Frage stellt, weiß ich es. Wenn sie mir jemand stellt und ich es ihm erklären will, weiß ich es nicht mehr.«[40] Das hinderte ihn nicht daran, eine Erklärung vorzulegen. Er ist von den Zeiten des lateinischen Verbs ausgegangen – Vergangenheit, Gegenwart und Zukunft. Er hat sie auf eine gerade Linie gesetzt und die Gegenwart als einen Punkt aufgefasst, der sich auf dieser Linie bewegt. In diesem Punkt, sagte er, verwandelt sich die Zukunft fortwährend in Vergangenheit.[41] Diese Darstellung ist klassisch geworden und heute noch üblich. Doch Augustinus war sich ihrer Schwäche bewusst. Er hob selbst hervor, dass die Zukunft und die Vergangenheit, insofern sie uns bewusst sind, in unserer Gegenwart enthalten sind. Er verfügte aber über kein anderes Paradigma.

Nun bietet sich aber ein anderes an, das auf der Idee der Integrierung beruht. Denn zwischen dem, was wir »Gegenwart« nennen, und der Integrierung besteht eine Beziehung. Es besteht, genauer gesagt, eine Beziehung zwischen dem Grad der Integrierung unserer Aktivität zu einem bestimmten Zeitpunkt und dem, was wir dann als die gegenwärtige Wirklichkeit empfinden.

Eines Abends in einem altertümlichen Hotel in Marrakesch lagen meine Gemahlin Wen und ich lesend im Bett. Ich nahm einen verdächtigen Geruch wahr und stand auf, um herauszufinden, woher er kam. Unser Zimmer befand sich im ersten Stock. Ich trat auf die Galerie, von der aus man auf einen großen Innenhof blickte, in dem aber stockdunkle Nacht herrschte. Da ich dort nichts Ungewöhnliches bemerkte, warf ich schließlich einen Blick durch das kleine Fenster des Badezimmers auf die Gasse. Links, in etwa zwanzig Meter Entfernung, drangen schwarze Rauchschwaden aus einem Kellerfenster, die rasch in die Höhe stiegen und im Laternenlicht gut zu sehen waren. Leute liefen in wachsender Zahl herbei, aber im Innenhof regte sich nichts. Ich ging die Galerie entlang bis zur anderen Ecke des Gebäudes, wo sich die Wendeltreppe befand, die den einzigen Zugang zum Stockwerk bildete, und stellte fest, dass auch dort dicker Rauch emporstieg. Ich benachrichtigte Wen, die auch auf die Galerie trat, und rief um Hilfe. Im Hotel herrschte völlige Stille. Außer uns war offensichtlich niemand da. Wir warfen ein Kleid über unsere Schultern, nahmen zwei nasse Badetücher mit und versuchten, durch die Wendeltreppe zu entkommen, aber der Rauch war zu dicht. Die Treppe bestand aus alten, unebenen Stufen. Es gab kein Geländer, das uns im Dunkeln hätte Halt geben können. Es blieb kein Ausweg mehr. Von der Galerie aus rief ich nochmals um Hilfe. Da nichts geschah, versuchte ich schließlich, mich durch das kleine, zur Gasse gelegene Badezimmerfenster bemerkbar zu machen. Es waren noch mehr Leute herbeigelaufen. Die schwarze Rauchsäule stieg weiterhin empor, so dick wie zuvor. Einige junge Männer versuchten, ins Hotel zu dringen, um uns herauszuholen. Es gelang ihnen, die schwarze, jahrhundertealte Hotelpforte aufzubrechen, die raucherfüllte Wendeltreppe hinaufzusteigen, indem sie mit ihren Taschentelefonen die Stufen beleuchteten, und uns auf demselben Wege aus dem Hotel zu bringen. Auf der Straße hatte sich inzwischen eine große Menschenmenge angesammelt. Die Feuerwehr traf ein, dann die Polizei, schließlich auch der junge Nachtportier, der über uns hätte wachen sollen und seinen eigenen Geschäften nachgegangen war. Eine Stromleitung hatte Feuer gefangen.

Als ich auf der Straße inmitten der schaulustigen Menge endlich aufatmen konnte, war es mein dringlichstes Bedürfnis, meine Eindrücke zu ordnen und in die richtige Reihenfolge zu bringen. Dieser Vorgang löste sich von selbst aus. Nach einem kurzen Moment der Verwirrung entstand eine zusammenhängende Erzählung – diejenige, die sich in meinem Gedächtnis eingeprägt hat und die ich hier wiedergebe.

Verschiedene Formen der Aktivität waren unmittelbar aufeinander gefolgt: zunächst die notgedrungene Handlung, danach wirre Eindrücke, schließlich die beginnende Ordnung, der einsetzende Prozess der Integrierung. Was geschehen war, wurde verständlich, als sich aus losen Elementen ein Ganzes bildete. Erst als dieser notwendige Prozess abgeschlossen war, fand ich zur praktischen Aktivität zurück und achtete wieder auf das, was um mich herum geschah: Ein gutmeinender Nachbar erklärte mir, dass wir über die Dächer hätten fliehen können, ein anderer bot uns seine Gastfreundschaft an, usw.

Jede Form meiner Aktivität war von einer besonderen *Form der Zeit* begleitet: zuerst die Zeit des Handelns, so kurz und gedrungen, dass nachträglich nichts von ihr geblieben wäre, hätte sie nicht in meine Erzählung Aufnahme gefunden; die Zeit der Ungewissheit und der starken Eindrücke, die in einer Art Zeitlosigkeit isoliert bestehen blieben; die Zeit der Integrierung, die ihrem eigenen Gesetz folgt; die Zeit der Verfestigung, denn ich musste mir die Geschichte zwei oder drei Mal erzählen, um sicher zu sein, dass ich sie behalten würde; endlich die unstete, offene Zeit des wiedergefundenen praktischen Lebens.

Im Laufe dieser Sequenz durchlief ich auch sehr unterschiedliche *Gegenwarten*, die sich in der Folge nicht weniger unterschiedlich erhalten haben. Zwei Dinge sind dabei unverändert geblieben: die Erzählung, die gleich nach den Ereignissen durch einen schnellen Integrierungsprozess entstand, und die drei oder vier besonders tiefen Eindrücke, die sich mir zuvor in meiner Bedrängnis eingeprägt hatten. Der lebhafteste war der Anblick, der sich mir aus dem kleinen Fenster des Badezimmers geboten hatte: die geradlinige Perspektive der Gasse, die senkrecht emporsteigende schwarze Rauchsäule, die Menschen, die herbeiliefen oder erschrocken stehenblieben. Dieser Anblick hat mich so sehr frappiert, dass er eine augenblickliche Integrierung ausgelöst hat und bis heute unverändert in meinem Gedächtnis erhalten ist. Ich sehe ihn wie eines dieser kleinen Gemälde aus den Anfängen der Renaissance, die einfach und klar eine religiöse Wundergeschichte darstellen. Wenn ich ein Maler wäre, könnte ich das Bild sofort ausführen.

Sobald meine Erzählung gesichert war, wandte ich mich wieder dem Geschehen zu, das sich um mich herum weiterentwickelte, und befand mich wieder unter den Leuten. In dieser Form der praktischen Aktivität vollzieht sich die Integrierung auf eine andere Weise. Ich integriere fortlaufend in meine »Welt« die Veränderungen, die ich in der Wirklichkeit wahrnehme, und die neuen Phänomene, die darin auftauchen. Dies tun wir alle tagein, tagaus, mehr oder weniger umfassend und schnell. Diese unablässige Anpassung an die Veränderung ist es, die uns das gewohnte Gefühl des zeitlichen Ablaufs gibt.

Die Depression beweist das *a contrario*. Wenn ich leide, weil sich in mir Kräfte gegenseitig lähmen, und ich meine Aktivität herabsetze, um mein Leiden zu mildern, verschließe ich mich gleichzeitig in einer Art stillstehender Zeit, die eine unausstehliche Qual ist. Ich bin keiner Anpassung mehr fähig. Jede

Veränderung, die draußen geschieht, lässt mich zusammenfahren, weil ich nicht mehr in der Lage bin, ihr entsprechend zu handeln. Wenn später die Spannung abnimmt, die Kräfte wieder in Bewegung geraten und die Integrierung wieder einsetzt, kurz: wenn das Leben wieder erwacht, dann kommt auch die Zeit wieder in Bewegung und öffnet sich wieder der Zukunft und dem Unbekannten.

Augustinus' Analysen sind unzureichend, weil man sich keinen angemessenen Begriff der Zeit bilden kann, solange man unsere Aktivität, ihre verschiedenen Formen und ihre Diskontinuitäten außer Acht lässt. Wenn man all dies in Betracht zieht, entdeckt man, dass sich alles in der Wirklichkeit bewegt und verändert, dass es aber *Zeit* nur *in uns* gibt. Man entdeckt, dass die Gegenwart, deren Qualität sich so sehr verändert, immer ein Produkt unserer Aktivität und ihrer niedrigeren oder höheren Integrierung ist. Man wird sich gewahr, dass die Zukunft immer eine *gegenwärtige* Synthese ist, die Mutmaßungen enthält über das, was geschehen kann; und dass die Vergangenheit immer eine *gegenwärtige* Synthese von Elementen der vergangenen Erfahrung ist. Die Aktivität selbst ist immer gegenwärtig, die Gegenwart ist immer *Aktivität.*

22. Weitere Beobachtungen.

Wenn ich meine alltäglichen Geschäfte einstelle und meine Aufmerksamkeit auf das richte, was in mir vorgeht, dann wirkt meine Aufmerksamkeit auf meine Aktivität ein. Sie isoliert sie und schafft den

Raum, in dem begonnene Integrierungsprozesse sich fortsetzen, entfalten und vollenden können. Genau das geschieht, wenn ich im Café sitze und meine Ideen entstehen lasse.

Dies geschieht auch, wenn ich etwas zu verstehen suche. Ich treffe zum Beispiel in einer Stadt ein und frage mich, welchen Weg ich gehen muss, um zu einem bestimmten Punkt zu gelangen: Ich lasse Erinnerungen an frühere Besuche aufkommen und sich zusammenfügen, bis sich der Weg abzeichnet, der zum Ziel führt. Was wir »nachdenken« nennen, ist immer ein Prozess dieser Art. Er kann rasch vonstattengehen, wie im Falle des Brandes in Marrakesch; er kann aber auch Stunden, Tage, Wochen, Monate dauern. Das Hervorbrechen der Gefühle ist ein Prozess derselben Art, der ebenfalls langsam oder schnell vor sich gehen kann. In der Hypnose lassen wir ebenfalls den Körper einen Integrierungsprozess in Gang setzen und zu Ende führen.

Alle diese Vorgänge bilden zusammengenommen das *Denken*, die menschliche Fähigkeit *par excellence*, von der die Menschen allerdings einen sehr ungleichen Gebrauch machen. In seinen Aufzeichnungen schreibt Novalis: »Wo echter Hang zum Nachdenken, nicht bloß zum Denken dieses oder jenes Gedankens, herrschend ist – da ist auch *Progredibilität*. Sehr viele Gelehrte besitzen diesen Hang nicht. Sie haben schließen und folgern gelernt, wie ein Schuster das Schuhmachen, ohne je auf den Einfall zu geraten, oder sich zu bemühen, den Grund der Gedanken zu finden. Dennoch liegt das Heil auf keinem andern

Weg. Bei vielen währt dieser Hang nur eine Zeitlang – er wächst und nimmt ab – sehr oft mit den Jahren – oft mit dem Fund eines Systems, das sie nur suchten, um der Mühe des Nachdenkens ferner überhoben zu sein.«[42] Dies gilt nicht nur für Gelehrte.

Wir gebrauchen das Denken in sehr ungleicher Weise, aber der Vorgang ist immer derselbe: Innehalten, Leere schaffen, den Körper walten lassen und in Empfang nehmen, was er liefert. Das Denken hat seine eigene Dauer, es folgt seinem eigenen Gesetz. Wenn man Zwang ausübt, unterbricht man es. Die Zeit der alltäglichen Betriebsamkeit ist eine fortlaufende Zeit. Die des Denkens hält ein und sammelt sich. Sie ist eine reine Gegenwart.

Es ist mir immer wieder aufgefallen, dass einem Menschen, der denkt, ob ein Erwachsener oder ein Kind, eine gewisse Schönheit eigen ist. Die Ruhe verleiht seinem Gesicht ebenmäßige Züge. Weil er sich isoliert und ganz nach innen wendet, kann ich ihn auch nach Belieben anschauen. Die Aufmerksamkeit, die er seinem inneren Geschehen schenkt, spiegelt sich in der Aufmerksamkeit wider, mit der ich ihn betrachte. Es sind dies flüchtige Augenblicke, aber in gewissen Gemälden sind sie festgehalten. Ich denke an Chardins *Kind mit dem Nimmgib-Kreisel*, auf dem ein Knabe mit Perücke zu sehen ist, der aufmerksam auf seinen drehenden Kreisel schaut, oder an sein *Kartenhaus*, auf dem man einen Knaben mit Dreispitz sieht, der ganz mit der Arbeit an seinem vergänglichen Bauwerk beschäftigt ist. Ich denke auch an *Der Engel erscheint dem Heiligen Josef* von Georges de La Tour, wo die Kerze, die auf dem Tisch steht, nicht nur das Antlitz des Engels beleuchtet, sondern auch in das Auge des alten Josef fällt, der scheinbar schläft, vielleicht träumt, und *in seinem Innern etwas sieht.*[43] Es ist mir auch aufgefallen, dass in der griechischen Plastik die schönsten Gesichter ausdruckslos sind: Es sind *denkende* Gesichter.

Mich berührt auch die edle Anmut des Menschen, der lernt, dessen ganze Aufmerksamkeit auf die Aktivität des Körpers und die entstehende Geste oder das neue Verstehen gerichtet ist. Diese Anmut ist auf allen Stufen des Lernprozesses dieselbe. Lernen und Denken sind ein und dasselbe, sodass es falsch ist, das Lernen geringer zu schätzen als das Meistern. Natürlich besteht ein Unterschied zwischen einer noch unbeholfenen Aktivität und einer hochintegrierten, aber der Übergang von einer Aktivitätsform in eine höhere, durch das Denken oder das Lernen, hat immer den gleichen Wert. Kleinkinder machen von ihrem Denken vollen Gebrauch und sind diesbezüglich vielen Erwachsenen überlegen.

23. In einem Integrierungsprozess gibt es immer einen bestimmten Punkt, an dem sich die Kräfte zu vereinen suchen, an dem sie sich vermählen. Solange der Prozess dauert, bildet dieser Punkt den Brennpunkt unserer Aktivität. Dort ist sie am intensivsten und kommt manchmal gleichsam zum Glühen.

Dieser Brennpunkt entsteht und vergeht. Er verschwindet, wenn ich im Café sitze, sich eine Idee bildet, aber auf keine angemessene Form trifft und sich wieder auflöst. Ich kann dann nichts anderes tun als zu warten, bis der Integrierungsprozess wieder einsetzt und der Brennpunkt wieder brennt.

Vor einigen Monaten ist mir in Paris Folgendes zugestoßen. Ich war drei Tage lang sehr beschäftigt gewesen, aber mit meinen verschiedenen Aufgaben etwas früher fertig geworden als vorgesehen und hatte einen schönen Apriltag vor mir, für den nichts geplant war. Es kamen mir mehrere Ideen, aber keine überwog. Zunächst empfand ich ein köstliches Schwanken, dann eine Unentschiedenheit, die mir schwerzufallen begann, als sich endlich eine Idee durchsetzte: Ich würde die Manet-Ausstellung im Musée d'Orsay besuchen. Ein Interesse war in mir erwacht. Verstreute Erinnerungen hatten sich vereint, ein Motiv gebildet, oder besser: eine organisierte Aktivität erzeugt. Ich habe die Ausstellung nicht besucht, weil zu viele Leute Schlange standen, aber die Erinnerung an das unscheinbare Ereignis bewahrt, aus dem meine Entscheidung hervorgegangen ist. Ein Integrierungsprozess hatte mein *Interesse* an Manet wieder ins Leben gerufen und meiner Unentschlossenheit ein Ende gesetzt. Damals habe ich verstanden, dass ein Interesse, das wir verspüren, welches auch immer, einer erhöhten Aktivität entspringt oder genauer: eine höhere Aktivität *ist.*

Ich beobachte das jeden Morgen, wenn ich in der Niederschrift dieses *Paradigmas* fortfahren will. Zunächst bin ich verstimmt, weil ich keine Lust habe, die Arbeit wieder aufzunehmen. Doch sobald ich mich von jeder Pflichtvorstellung löse, die Sache laufen und in mir die Leere aufkommen lasse, entsteht das Interesse von Neuem. Wittgenstein bemerkte: »Jeden Morgen muss man wieder durch das tote Gerölle dringen, um zum lebendigen, warmen Kern zu kommen.«[44] Ich ziehe die Vorstellung der Aktivität vor, die sich organisiert und von Neuem das Leben hervorbringt.

Am Tag der Manet-Ausstellung oder etwas später bin ich auf eine weitere Idee gekommen: Ist das Phänomen, das wir »Sinn« nennen, mit dem Phänomen des »Interesses« nicht wesensgleich? Ist es nicht offensichtlich, dass das, was uns interessiert, für uns einen Sinn hat? Und das, was für uns einen Sinn hat, uns interessiert? Folgt daraus nicht, dass das *Gefühl*, dass etwas einen Sinn hat, *eine Form unserer Aktivität* ist?

Der Sinn eines Wortes ist in meinem Verständnis eine imaginäre Synthese von Sinneseindrücken, Empfindungen und anderen Erinnerungen, oder genauer: ein momentanes Erwachen dieser Synthese in unserer Aktivität. Sinn gibt es nur in unserer Aktivität und nur dann, wenn sie einen bestimmten Integrierungsgrad erreicht. Unzählige Philosophen, Grammatiker und Linguisten haben versucht, das Verhältnis von Wort und Ding beziehungsweise von Wort, Wortbedeutung und Ding zu klären, aber es ist ein Rätsel geblieben. Das Rätsel löst sich, glaube ich, wenn man es so angeht wie ich hier.

Was für das Wort gilt, gilt auch für den Satz, für eine Rede, für einen Dialog, für alle anderen Sprachspiele: Sie könnten unmöglich einen Sinn haben, wenn sie nicht Formen unserer Aktivität wären. Einen Sinn gibt es auch in einem mathematischen Beweis, in einem folgerichtigen Gedankengang, in einem Musikstück oder einem Gemälde. Einen Sinn gibt es im Handeln einer Person oder im Leben einer ganzen Gesellschaft, sofern sie kohärent sind. Der Sinn hat zudem Abstufungen, seine Intensität hängt vom Integrierungsgrad unserer Aktivität und ihrem Umfang ab.

Wenn der Integrierungsgrad abnimmt, nimmt auch der Sinn ab oder verschwindet ganz. So zum Beispiel, wenn wir müde werden oder deprimiert sind. Das Problem der Sinnlosigkeit stellt sich, wenn unsere Aktivität ungenügend integriert ist. Es verschwindet, sobald unsere Aktivität wieder einen höheren Integrierungsgrad erreicht. Es kommt nicht auf, wenn ich zum Beispiel spreche und etwas Sinnvolles sage. Es stellt sich dem Geiger nicht, wenn er spielt und ganz in seinem Spiel aufgeht. Es stellt sich dem Kind nicht, das lernt oder in sein Spiel vertieft ist.

24. Ich empfinde ein Gefühl von Freiheit, wenn sich ein Integrierungsprozess nach seinem eigenen Gesetz und ohne äußere Störung entwickelt. Ich empfinde es, wenn dieser Prozess eine notwendige Handlung zeitigt. Ich fühle mich hingegen unfrei, wenn der Prozess von innen oder von außen ge-

hemmt wird und die notwendige Handlung nicht stattfinden kann. Ich fühle meine Unfreiheit noch mehr, wenn man von mir erwartet, ich solle frei handeln, man mir aber die Bedingungen des freien Handelns entzieht – wenn man zum Beispiel von mir verlangt, ich solle etwas verstehen oder eine neue Geste zustande bringen, ohne mir die dazu notwendige Zeit zu lassen. Widersprüchliche Forderungen dieser Art können uns in den Wahnsinn treiben. Man kann unmöglich auf Befehl frei handeln.

Aus diesen Bemerkungen und den vorangehenden Untersuchungen ergibt sich eine Antwort auf die Frage nach der Freiheit. Sie ergibt sich aus den Gesetzen der Aktivität. Die Freiheit ist eine Potenz, die aus Gründen, die wir kennen oder nicht kennen, durch einen Integrierungsprozess in uns entstanden ist und sich auswirkt. Dies geschieht innerhalb der allgemeinen Verkettung von Ursachen und Wirkungen, sodass Freiheit und Notwendigkeit nicht einander entgegengesetzt werden können. Wenn die Freiheit eine Kraft wäre, die außerhalb der allgemeinen Verkettung stünde, könnten wir gar nicht auf sie einwirken. Wir können es, weil wir in dieser Verkettung einbegriffen sind und deshalb bis zu einem gewissen Punkt voraussehen können, welche Folgen unsere Handlungen haben werden.

Diese Auffassung der Freiheit als Teil der allgemeinen Verkettung hat einen bedeutenden Vorteil. Sobald ich annehme, dass alles eine Ursache hat, sowohl in der Wirklichkeit insgesamt als auch in meiner eigenen Aktivität, schärft sich mein Beobachtungssinn, was mich dazu führt, die Gesetze der Aktivität zu nutzen und dadurch meine Potenz zu erhöhen. Der deterministische Gesichtspunkt begünstigt die Entfaltung der wirklichen Freiheit, er ist sogar eine ihrer Bedingungen. Die Vorstellung einer nicht bedingten, willkürlichen Freiheit, die gleichsam ein Privileg des menschlichen Geistes wäre und ihn von der allgemeinen Verkettung der Dinge ausnähme, verleitet im Gegenteil zur Unaufmerksamkeit, zur Verkennung der Gesetze der Aktivität und demzufolge zu verfehlten Verhaltensweisen, also zur Unfreiheit. Diese Vorstellung erzeugt zudem die Illusion, dass wir uns das Handeln ersparen und uns zugleich den Folgen dieses Verzichts entziehen können. Die »Freiheit« wird dann zur Rechtfertigung der Willkür und des Egoismus. Wer mit sich selbst einig und nach den Gesetzen der Aktivität notwendig handelt, beruft sich nicht auf seine »Freiheit«. Er braucht das nicht. Für ihn ist die Freiheit eine unmittelbare Erfahrung, die keiner Rechtfertigung bedarf.

Die Freiheit ist uns unentbehrlich, weil wir Potenzen entwickeln müssen, sobald wir das Licht der Welt erblicken. Wir brauchen sie danach, um zu handeln und uns erneuern zu können. Wir müssen von Anbeginn eine Vielzahl von Integrierungsprozessen in uns geschehen lassen oder durch Willensanstrengung – durch eine Integrierungsarbeit – vorantreiben. Es ist dies eine praktische Notwendigkeit, aber auch der Weg, über den wir unsere persönliche Potenz entwickeln und zur vollen Entfaltung unserer selbst gelangen. Wenn zu dieser gesteigerten Potenz noch die Einsicht in die Gesetze der Aktivität hinzukommt, gelangen wir zur höchsten Vollendung: zur Freiheit, die sowohl sich selbst als auch die Notwendigkeit kennt. Wir kommen nicht frei zur Welt, wir werden frei.

Ebenso verhält es sich mit der politischen Freiheit: Sie erlaubt uns, frei zu werden – nicht nur unsere Rechte zu wahren, uns vor Willkür und Gewalt zu schützen, sondern darüber hinaus dafür zu sorgen, dass jeder seine Potenz entwickeln kann und fähig wird, aus sich heraus und der Notwendigkeit gemäß zu handeln, für sich und für die anderen.

»Die Freiheit ist nichts anderes als die Entfaltung der menschlichen Fähigkeiten«, schreibt Pierre Larousse im Artikel »Freiheit« seines *Grand dictionnaire universel du XIXe siècle.* »Die wirkliche Freiheit, die *Freiheit als Potenz*«, setzt er hinzu, »ist nicht, wie es die liberale Schule des Laissez-faire will, ein bloßes Recht des Menschen, sondern vielmehr das Vermögen, im Zeichen der Gerechtigkeit und der Wahrung der Gesetze seine Fähigkeiten zu entwickeln.«[45] Nach Larousse sollte ihn das namentlich dazu befähigen, »alles in Frage zu stellen, alles zu vereinfachen, alles auszuprobieren, alles zu überprüfen«. Grundsätzlicher noch geht es um das Vermögen, zu handeln und Neues zu schaffen.

Als ich zum ersten Mal Etienne de la Boéties *Von der freiwilligen Knechtschaft* las, ist mir folgender Satz aufgefallen: »Die Menschen verschmähen die

Freiheit, denn wenn sie sie begehrten, würden sie ihrer habhaft. Es scheint, dass sie diese schöne Eroberung nur deshalb verschmähen, weil sie zu mühelos ist.«[46] Dieser Satz schien mir etwas Wahres auszusprechen, aber ich verstand ihn nicht recht. Heute begreife ich dieses Paradox. Wenn man mich meiner Freiheit beraubt und ich nicht mehr handeln kann, ist die bloße Vorstellung, dass ich wieder handeln könnte, das Anzeichen dafür, dass sich eine Potenz in mir zu bilden beginnt. Der weit verbreitete Irrtum, so meinte Etienne de la Boétie, besteht darin zu glauben, dass die Freiheit von anderen Dingen abhängig sei als von ebendiesem Ansatz. Und die wieder entstehende Freiheit ist nichts anderes als der Brennpunkt eines Integrierungsprozesses, der einsetzt und eine Potenz erzeugt. Diese Potenz wird umso größer sein, je umfassender der Prozess und je weiter unten er ansetzt. Die Freiheit bildet sich von unten nach oben, wie das Denken. Freiheit und Denken sind wesensgleich. Sie sind letztlich ein und dasselbe.

Die Freiheit ist zudem unteilbar. Sie ist es, weil die Integrierung zur Einigung der Aktivität tendiert oder sie verwirklicht. »Mich dürstet so sehr nach Freiheit«, schrieb Montaigne, dass ich unglücklich wäre, wenn mir jemand auch nur den Zugang zu irgendeinem Winkel Indiens untersagte.«[47] Deshalb genügt es auch, um die Freiheit zu entmachten, sie in ihrem Brennpunkt zu treffen. Wie oft habe ich, wenn ich mich auf den Weg nach China machte, insgeheim eine Art Entmutigung empfunden! Ich begab mich zwar nicht mehr in ein Land, in dem das Denken verboten war, wie in den sechziger Jahren, als ich in Peking studierte, aber doch in eines, in dem das Denken weiterhin stets daran gehindert wird, an sein Ziel zu gelangen und sich in Potenz und Handlung zu verwandeln. Die allgemeine Demoralisierung, die das zur Folge hat, kenne ich nur zu gut.

25. Die Idee der Freiheit ist unser kostbarstes Gut, aber sie ist so eng mit den Paradoxen der Aktivität verbunden, dass es äußerst schwierig ist, sie *abstrakt* zu fassen. Wenn wir es versuchen, beginnt die Kompassnadel, sich wild zu drehen. Es empfiehlt sich deshalb, sich an die Beobachtung zu halten.

Sehen wir zum Beispiel zu, wie eine Entscheidung getroffen wird. Wenn es mir gelingt, meine Bedürfnisse oder Wünsche mit den äußeren Umständen in Einklang zu bringen – oder besser: den Einklang entstehen zu lassen, dann trifft sie sich von selbst. Meine Entscheidungen gehören mir, insofern sie ihren Ursprung in mir haben und meine darauffolgenden Handlungen bestimmen, aber sie sind auch *nicht mein*, weil sie letztlich ohne mein Zutun entstehen, oft auch ohne dass ich alle ihre Beweggründe kenne. Manchmal bilden sie sich in den Tiefen des Körpers, fernab von meiner bewussten Aktivität.

So verhält es sich auch mit den Urteilen. Ich meine nicht die Urteile, die wir nach bestehenden Kriterien fällen und die eigentlich nur Folgerungen sind.

Ich denke an die Urteile, in denen ich mich über Gut und Böse, über Schön und Hässlich ausspreche und die den Wert eines persönlichen Entschlusses haben. Ein solches Urteil ist eine Synthese, die sich in mir gebildet hat und die ich persönlich verantworte. Es ist auch eine Aufforderung an die anderen, sich ebenso auszusprechen. Es liegt im Wesen eines solchen Urteils, sich an die anderen zu richten und an ihre Freiheit zu appellieren.

Ich berühre hier ein philosophisches Problem, das einen kleinen Exkurs rechtfertigt. Kurz vor ihrem Tod unternahm Hannah Arendt den dritten und letzten Teil ihres letzten Werks *Vom Leben des Geistes*. Er sollte eine Untersuchung über die Urteilskraft werden, die sie im Laufe der Zeit mehr und mehr als das grundlegendste unserer geistigen Vermögen betrachtet hatte. Sie wollte von Kant ausgehen, der in seiner *Kritik der Urteilskraft* das ästhetische Urteil als einen Akt besonderer Art darstellt: als einen freien und an die Freiheit des anderen gerichteten Akt. Sie wollte zeigen, dass diese Auffassung des Urteils eine allgemeinere Geltung besitzt, die sich auf das Politische erstreckt.[48] Vermutlich wäre sie dadurch wieder auf das Thema des *Anfangens* zurückgekommen, das seit langer Zeit im Mittelpunkt ihres Denkens stand. Sie war davon überzeugt, dass der Mensch das Wesen ist, das *Anfänge setzt*.[49] Alles deutet darauf hin, dass sie den Schlüssel dieses menschlichen Vermögens in der Fähigkeit des Urteilens zu finden dachte. Doch hätte der Rückgriff auf Kant ausgereicht, um zu erklären, *wie* der Mensch anfängt? Um dieses *Wie* zu erhellen, war, glaube ich, ein neues Paradigma notwendig – vielleicht das der Integrierung.

Ein anderer Punkt. Hannah Arendt betrachtete die Vergebung und das Versprechen als den Kern der Lehre Jesu. Sie sah in der Vergebung einen *Anfang*, der einem Wunder gleichkommt.[50] Mein Paradigma führt dazu, sie als eine neue Synthese zu betrachten, die auf der Gegenwart beruht und dadurch das Vergangene aufhebt. Die Vergebung kann nicht erzwungen werden. Wenn sie herangereift ist und sich dem Bewusstsein aufdrängt, wird sie von Gefühlen begleitet, die sich gleichzeitig der beiden Personen bemächtigen. Sie ist ein Ereignis, das den Gesetzen der Aktivität folgt. Das Versprechen wiederum ist von der Vergebung nicht zu trennen. Der Mensch ist ein gefährdetes Wesen. Er kann nie alle unmittelbaren und ferneren Folgen seiner Handlungen voraussehen, aber muss handeln und dazu stehen, war er tut, um unter Seinesgleichen leben zu können. Er muss versprechen und kann es nur, wenn er, sollte er scheitern, auf Vergebung hoffen darf. Deshalb, so Hannah Arendt, sind Vergebung und Versprechen in der Lehre Jesu nicht zu trennen.

VI.

26. Das Paradigma der Integrierung ist selbst aus einem Integrierungsprozess hervorgegangen. Ich habe Beobachtungen notiert, sie haben sich angesammelt und Motive gebildet, die sich von selbst um eine zentrale Idee gruppiert haben – die Idee der Integrierung. Als ich auf sie kam, »fiel mir alles zu«, wie Montesquieu sagt. Obwohl meine kleine Schrift im Vergleich zu seinem Hauptwerk *Vom Geist der Gesetze* kaum der Rede wert ist, gilt auch für mich, was er in seinem Vorwort schrieb: »Ich habe mehrere Male mit diesem Werk angefangen und es mehrere Mal wieder aufgegeben (…); ich folgte meinem Gegenstand ohne einen bestimmten Plan; ich kannte weder die Regeln noch die Ausnahmen; ich fand die Wahrheit und verlor sie wieder: Doch als ich meine Grundsätze entdeckte, fiel mir alles zu, was ich suchte, und im Laufe von zwanzig Jahren habe ich mein Werk anfangen, wachsen, voranschreiten und zum Abschluss kommen sehen.«

Der Prozess ist seinem eigenen Gesetz gefolgt. Jedes Mal, wenn ich ihn beschleunigen wollte, bin ich in Schwierigkeiten geraten. Ich musste mich fügen, ich konnte ihm nur dienen. Habe ich Willenskraft aufbringen müssen? Nein, aber Geduld und Beharrlichkeit. In den letzten Jahren hatte ich glücklicherweise die notwendige Muße. Als ich noch lehrtätig war und über das ganze Jahr an Zeitmangel litt, hätte ich das Unterfangen niemals zu Ende führen können. Gewiss hat auch eine gewisse Einsamkeit geholfen, die mir schon in meiner Kindheit zur Gewohnheit geworden ist. Ich habe mich früh daran gewöhnt, mich mit mir selbst zu unterhalten und dem Gang meiner Gedanken zu folgen.

Eines Tages begann der Integrierungsprozess sich auch auf meine Vergangenheit zu erstrecken. Allmählich wurden Zusammenhänge sichtbar. Lange war ich über mich selbst im Ungewissen geblieben. Es fehlte mir so sehr an Halt und Orientierungspunkten, dass ich manchmal in Angstzustände geriet. Nun aber, da sich ein eigenes Denken zu bilden begann, sah ich auch seine weit zurückliegenden Ursprünge. Die Integrierung erstreckte sich auch weiter nach unten. Verschüttete Teile meiner Existenz kamen ans Licht. Eine ganze Geschichte begann, sich abzuzeichnen.

Heute sehe ich eine völlige Übereinstimmung zwischen meinem Leben und meinen Ideen. Seit meiner Jugend bin ich zwischen zwei entgegengesetzten Zuständen hin- und hergependelt: Momente der inneren Unsicherheit und einer unterschwelligen Angst, in denen ich mich im Bezug auf die anderen zu weit unten befand, und Momente intensiver Aktivität, in denen ich mich weiter oben befand als sie, was mich auf eine andere Weise von ihnen trennte. Mit der Zeit habe ich in diesem Auf und Ab eine Art Gesetz der Physik erblickt. Nach wie vor fällt es mir schwer, den mittleren Bereich zu finden, in dem man die Gesellschaft der anderen genießt. Ich brauche die intensive Aktivität, um mich über dem Abgrund zu halten. All das hat mich wahrscheinlich auf die verschiedenen Formen der Aktivität besonders aufmerksam gemacht. Wenn sie ungenügend integriert war, war der Abgrund bedrohend. Wenn sie hingegen voll integriert war, war er im Gegenteil die Dimension des Unbekannten, die meine Aktivität nährt und aus der sie schöpft.

Nach und nach bin ich zur Überzeugung gelangt, dass da ein allgemeines Gesetz waltete, denn ich fand es in einer wachsenden Zahl von Bereichen meiner Erfahrung wieder und auch in der Erfahrung der anderen, sofern ich von der meinen auf die ihre schließen konnte.

Später kam eine weitere Frage hinzu: War ich auf ein Gesetz gestoßen, das eine weitere Geltung hatte? Bestand vielleicht eine Beziehung zwischen dieser Entdeckung und dem heutigen Moment der Geschichte? Das war nicht auszuschließen, denn ich war in diesem Jahrhundert aufgewachsen, hatte es in allen Richtungen durchsucht, um mich selbst zu finden, sodass es nicht erstaunen musste, wenn ein Teil seiner Gebrechen sich in mir wiederfand. Was ich in mir entdeckte, hing auch mit der Geschichte meiner Zeit im Ganzen zusammen. Dazu einige Überlegungen.

Die gegenwärtige Krise stellt mit beispielloser

Schärfe die Frage der Endzwecke. Wie soll die Menschheit die ungeheuere Macht gebrauchen, die sie erworben hat? Soll sie einer Minderheit dazu dienen, über die Mehrheit zu herrschen, die Natur zu plündern und unsere Lebensgrundlagen auf diesem Planeten zu zerstören? Der hereinbrechenden Katastrophe gegenüber scheint die Kritik machtlos. Sie tut ihr Bestes. Sie analysiert, deckt Lügen und Illusionen auf, kann aber mit der unaufhörlichen Entfaltung der Übel, die uns befallen, nicht Schritt halten. Es gibt viele auf ein besonderes Gebiet beschränkte Lösungsversuche, aber sie laufen ständig Gefahr, vom Hauptstrom weggeschwemmt zu werden. Die gemeinsame Schwäche der Kritik und dieser isolierten Experimente liegt daran, dass sie die Grundfragen nicht stellen: Was ist das Wesen des Menschen? Und was ist die beste politische Organisation, die er sich, seinem Wesen gemäß, geben kann?

Es scheint, dass diese Fragen, die am Anfang der Philosophie und des politischen Denkens stehen, heute nicht mehr in all ihrer Einfachheit gestellt werden können. Liegt dies daran, dass wir nunmehr zu gelehrt sind? Dass wir zu viel über die heutigen und vergangenen Gesellschaften wissen? Ich sehe den Grund vielmehr in der Aufteilung des Wissens, der intellektuellen Spezialisierung und der Abschottung der Disziplinen, die heute zur Regel geworden sind. Dagegen habe ich für mich folgende Heilmittel gefunden: 1. Ich gehe von der Beobachtung meiner eigenen Aktivität aus. 2. Ich gründe mich auf sie, um mir eine Idee des menschlichen Subjektes zu bilden, die in ihrem Prinzip einfach und kohärent sein und so weit wie möglich allen Elementen meiner Erfahrung und der Erfahrung der anderen, so weit ich sie verstehe, gerecht werden soll.

Die Idee des Subjektes, zu der ich auf diese Weise gelangt bin, scheint mir in mehrfacher Weise dem heutigen geschichtlichen Moment zu entsprechen.

Sie bringt unsere Fähigkeit ans Licht, *Anfänge zu setzen*. Wir tun dies, wenn in uns neue Synthesen entstehen und die älteren ersetzen oder in sich aufnehmen.

Sie verleiht dem Wort »Leben« eine neue Bedeutung: Nicht das biologische Leben hat für den Menschen den höchsten Wert, sondern das Leben, das er durch die Integrierung in all ihren Arten und Formen in sich selbst hervorbringt.

Unsere Fähigkeit, Anfänge zu setzen, ermächtigt uns auch, uns von den Systemen zu befreien, die uns heute in die Katastrophe führen. Aus der neuen Definition des Lebens ergibt sich, worin das Neue bestehen soll: im Werk der Integrierung, die vom Tiefsten zum Höchsten führt und sie miteinander verbindet.

Diese Auffassung des Subjektes bringt das, was Spinoza vorschlug: »eine Idee des Menschen, die uns als Muster der menschlichen Natur dienen soll«.[51] Sie ist dazu geeignet, die Zerstreuung und Abschottung des intellektuellen Lebens zu überwinden und der Kritik der heutigen Welt einen positiven Inhalt zu geben.

Dieses Paradigma wird aber nur denen etwas bedeuten, die es sich durch die Beobachtung und Integrierung ihrer eigenen Aktivität zu eigen machen und dabei vom Besonderen zum Allgemeinen fortschreiten, also durch die induktive Methode, wie ich es selbst getan habe. In seiner *Ethik* folgt Spinoza der deduktiven Methode. Er stellt Axiome auf und leitet dann Schritt für Schritt ihre logischen Folgen ab. Zu seiner Zeit musste er so vorgehen, wenn er die Stringenz seines Denkens sichtbar machen und sich gegen unüberlegte Angriffe wappnen wollte. Heute liegen die Dinge anders. Es geht nicht mehr darum, ein System anderen Systemen entgegenzusetzen, sondern einen Ausweg aus der allgemeinen Verwirrung zu finden. Anstatt Axiome zu setzen und deduktiv vorzugehen, gilt es, von der Beobachtung auszugehen und über den Weg der Induktion, anders gesagt: der Integrierung, zur Erkenntnis zu gelangen.

Ist es mir aber erlaubt, von dem, was ich in mir beobachte, auf das zu schließen, was in einer ganzen Gesellschaft geschieht? Ja, denn eine menschliche Gesellschaft ist auch als Ganzes eine mehr oder minder integrierte Aktivität. »Jede menschliche Gesellschaft ist eine Handlung, die aus den Handlungen aller ihrer Mitglieder besteht«, sagte Montesquieu.[52] Sie besteht aus Aktivität und untersteht den Gesetzen der Aktivität. Auch dort begegnen sich Kräfte, die sich bekämpfen, gegenseitig lähmen oder sich miteinander verbinden, zusammen eine höhere Aktivität erzeugen und dadurch ein gesteigertes Leben hervorbringen. Es ist Machiavellis Genie, verstanden zu haben, dass eine Gesellschaft umso kräftiger ist und Dauer hat, je mehr sie sich aus ihren inneren Konflikten nährt, anstatt sie zu verleugnen.[53] Die Demokratie ist in ihrem Prinzip die höchste Form der gemeinsamen Aktivität, weil sie es ermöglicht, wenn es nottut, gesellschaftliche Konflikte durch neue Synthesen zu überwinden. Sie hat die Fähigkeit, sich vom Vergangenen zu lösen, wenn es zu einem Hemmnis wird, und von unten anzusetzen, um ein neues Leben zu schaffen.

Es ist erlaubt, diese beiden Ebenen miteinander in Beziehung zu bringen, aber ein wesentlicher Unterschied muss beachtet werden: Die Person kann aus der Aktivität des Körpers und seiner Dimension des Unbekannten schöpfen, um Neues zu erzeugen. Die Gesellschaft kann das nicht, es sei denn, sie schöpft aus der Aktivität der Personen. Es kommt nur durch die Personen zu Neuanfängen. Die Demokratie ist von den Personen und von der absoluten Vielheit, die sie bilden, nicht zu trennen.

27. Ich mache hier Halt, weil ich nicht weiter ausschweifen will. Zudem wird eine kurze Schrift vielleicht die Zahl der aufmerksamen Leser erhöhen. Ich habe mich bemüht, wie es der gute Zeichner tut, die Wiedergabe des Gegenstandes weder zu sehr zu vereinfachen noch zu überladen.

Auch in meinen wichtigsten Aussagen habe ich die Kürze bevorzugt. Eine umständliche Herleitung hätte den Leser dazu verleiten können, sich mehr für meine Gedankengänge zu interessieren als für seine eigene Aktivität. Zunächst werden meine Ideen zum Teil fragwürdig oder rätselhaft scheinen, aber ich glaube, dass sie sich mit der Zeit klären und dank ihrer gedrängten Form besser einprägen werden.

Ihr Verständnis wird gewiss dadurch erschwert, dass ich einigen Wörtern eine neue Bedeutung gegeben habe. Ich bin darin der Empfehlung Pascals gefolgt: »Die Definitionen sind sehr frei und können niemals in Abrede gestellt werden; denn nichts ist erlaubter, als ein klar bezeichnetes Ding so zu benennen, wie es einem gefällt. Man muss nur darauf achten, dass man diese Freiheit des Benennens nicht missbraucht, indem man ein Wort einführt und damit verschiedene Dinge bezeichnet.«[54] Ich habe mich streng an meine Definitionen gehalten. Die Schwierigkeiten, die sich daraus ergeben, werden dem Leser nicht entgehen. Er wird wahrscheinlich wiederholt auf die gewohnte Bedeutung des Wortes (etwa des »Körpers«) zurückfallen – aber ich sehe nicht, wie ich ihm diese Unannehmlichkeit hätte ersparen können.

Lange Zeit habe ich bedauert, dass das Wort »Integrierung« so reizlos ist. Ich habe andere ausprobiert (Einigung, Synthese, Synergie), aber kein besseres gefunden. Es hat wenigstens einen Vorteil, habe ich mir schließlich gesagt: Da es keine philosophischen Adelstitel trägt, ist es ein neutrales Werkzeug, das alles in allem meinem Vorsatz dienlicher ist als ein Begriff, der schon eine lange Geschichte hätte. Es galt ja nicht, reizvolle Ideen vorzubringen, sondern den Leser dazu anzuregen, seine eigene Aktivität zu beobachten und darin zu entdecken, was ich in der meinen entdeckt habe – oder auch anderes. Ich unterbreite ihm ein Paradigma, das in der Krise, in der wir uns heute befinden, ein Instrument werden könnte, mit dem sich bestimmen ließe, in den kleinen wie in den großen Dingen, worin der aufsteigende Weg besteht, der zum eigentlich Menschlichen führt.

Anmerkungen

1 Ich habe diesen Ausdruck in einer Studie über den Philosophen Zhuangzi geprägt, der in meinem Verständnis sein Augenmerk auf ebendiesen Bereich richtete. Siehe *Das Wirken in den Dingen* (Berlin, Matthes & Seitz Berlin, 2015), S. 14.

2 Aus dem *Allgemeinen Brouillon 1798–1799*, in: *Werke* (München, C. H. Beck, 1981), S. 476.

3 Ich glaube, dass mich Novalis auf diesen Gedanken gebracht hat. In seinen *Fragmenten und Studien* findet sich Folgendes: »Licht ist Symbol der echten Besonnenheit. Also ist Licht der Analogie nach – *Aktion – der Selbstberührung der Materie.*« (*Fragmente und Studien 1797–1798*, in: *Werke*, S. 406.) Ich halte das Bewusstsein für eine Selbstberührung der Materie, oder besser: der Aktivität.

4 Im Französischen kann »activité« eine allgemeine, allumfassende Tätigkeit bezeichnen. Man spricht sowohl von der »activité d'une fourmilière«, dem Wimmeln eines Ameisenhaufens, als auch von der »activité qui règne sur une place de marché«, dem geschäftigen Treiben auf einem Marktplatz, oder von der »activité intellectuelle«, dem intellektuellen Leben usw. Es liegt deshalb auf der Hand, sich Licht und Energie als »activité« vorzustellen. Der zusätzliche Schritt, den ich hier mache, besteht darin, auch das Subjekt, so wie es sich selbst wahrnimmt, insgesamt und ohne weitere Bestimmung als »activité« aufzufassen. Dafür soll das

deutsche Wort »Aktivität« hier stehen. »Tätigkeit«, absolut genommen, wäre vielleicht auch möglich gewesen.

5 So wird die zunächst künstliche Geste des chinesischen Kalligrafen zu einer natürlichen Geste, die die inneren Regungen des Körpers zum Ausdruck bringt. Siehe dazu Jean François Billeter, *Essai sur l'art chinois de l'écriture et ses fondements* (Paris, Allia, 2010), insbesondere S. 219–221. Siehe auch den dort zitierten Auszug aus einem Brief Diderots, in dem er seiner Freundin Sophie Volland erklärt, wie wir durch das körperliche Handeln die Gesetze der Physik entdecken (S. 48–50).

6 *Ethik*, Definition 3. Ich übersetze diesen Satz einfacher als die anderen Übersetzer. Sie folgen dem lateinischen Wortlaut, was hier nicht notwendig ist.

7 Einbildungskraft steht hier für »imagination«, das als das Entstehen von »images« (Bildern) verstanden werden kann. Das »Bildern«, die »Bilderei« sind im Grimm belegt und hätten hier vielleicht eingesetzt werden können. »Bilderschaffenskraft« wäre ein genauer Ausdruck gewesen, schien aber zu schwerfällig.

8 Über das innere Raumgefühl, das nach außen projiziert zum äußeren Raumgefühl wird, und das damit verbundene Existenzgefühl siehe *Essai sur l'art chinois de l'écriture et ses fondements*, Kapitel 6.

9 Dieses zweite Kapitel ist ein einzigartiger sprachphilosophischer Traktat. Es stammt mit Sicherheit nicht von Zhuangzi selbst, sondern von einem späteren, unbekannt gebliebenen Autor und trägt den Titel *Qiwulun*, »Über die Gleichsetzung der Dinge«. Dieser Titel ist ein Zusatz aus einer noch späteren Zeit. Über diese Fragen und den Text selbst siehe Jean François Billeter, *Études sur Tchouang-tseu* (Paris, Allia, 2004), Kapitel 4. Der Einfachheit halber spreche ich im Folgenden von diesem Traktat, als wäre er das Werk Zhuangzis.

10 Ich habe im Wortlaut frei, aber streng sinngemäß über-

setzt. Sinologen können die zitierten Stellen anhand von *A Concordance to Chuang Tzu* (Harvard-Yenching Institute, Taipei, 1966) finden: Kapitel II, Zeilen 10, 21, 26, 27, 55, 57–58.

11 *Misérable miracle* (1956), *L'Infini turbulent* (1957), *Paix dans les brisements* (1959), *Les Grandes Épreuves de l'esprit* (1966), *Connaissance par les gouffres* (1967).

12 Zhuangzi, im Kapitel 2: »Die Sprache ist nicht nur ein Hauch. Wenn wir sprechen, sprechen wir von etwas, aber dieses Etwas ist an sich unbestimmt. Deshalb: Sprechen wir je von etwas, oder sprechen wir über nichts? Angenommen, die Sprache sei etwas anderes als das Zwitschern der Vögel, kann man beides klar unterscheiden oder kann man es nicht?« *A Concordance to Chuang Tzu*, II/23–24.

13 Aus »Notes sur les copies« (1965), aufgenommen in *Écrits* (Paris, Hermann, 1990).

14 *A Concordance to Chuang Tzu*, II/57–58.

15 Es ist oft schwierig, die einfachsten, grundlegendsten Phänomene mit einem treffenden Wort zu bezeichnen. Auch wenn das Wort gut gewählt ist, kann es den Zugang zum Phänomen mehr behindern als fördern. »Potenz« schien das beste deutsche Äquivalent des französischen »puissance agissante« zu sein. Gemeint ist das Phänomen der Geste im Moment ihrer tatsächlichen Ausführung. Dem betrachtenden Bewusstsein erscheint sie als »Wirksam-Werden«, das durch das Zusammenspiel der Kräfte entsteht.

16 Siehe *Essai sur l'art chinois de l'écriture et ses fondements*, Kapitel 5.

17 Siehe Platons *Gastmahl*, 175 B; siehe auch 220 C. Dazu auch François Roustang, *Le Secret de Socrate* (Paris, Odile Jacob, 2009), insbesondere Kapitel 11.

18 Milton Erickson (1901–1980), amerikanischer Psychiater, der die Praxis der Hypnose von Grund auf erneuert hat.

19 Besonders aufschlussreich waren für mich die beiden ersten Werke, die Roustang diesem Thema gewidmet hat: *Influence* (Paris, Editions de Minuit, 1990) und *Qu'est-ce que l'hypnose?* (ebenda, 1994). Ich habe im Anhang meiner *Etudes sur Tchouang-tseu* (Paris, Allia, 2006) eine erste Bilanz meiner Beschäftigung mit der Hypnose vorgelegt.

20 »Formen der Aktivität« steht für »régimes de l'activité«. »Régime« hat im Französischen ein viel weiteres Bedeutungsspektrum als »Regime« im Deutschen. Es bezeichnet unter anderem die Drehzahl eines Motors, die seine Leistung bestimmt, und in einem weiteren Sinne eine niedrigere oder höhere Aktivität. Die Übergänge, von denen hier die Rede ist, »changements de régime«, sind Übergänge von einer weniger intensiven zu einer intensiveren Aktivität oder umgekehrt.

21 Spinoza, *Ethik*. V, Lehrsatz 40.

22 Ebenda, III, Definition der Affekte.

23 »Die Tat«, im Französischen »l'acte«. *Acte / action / activité / actif / agir* bildet ein geschlossenes und begrenztes semantisches Feld, das für den Ausdruck der hier vertretenen Auffassung eine günstige Grundlage darstellt. Die entsprechenden deutschen Wörter *Akt/Handlung/Tat* haben unter sich nicht dieselbe enge Verwandtschaft. Zudem decken sie sich in ihrem Gebrauch und ihren Bedeutungen nie ganz mit den französischen Ausdrücken, was die Übersetzung erschwert.

24 Dieser 1805 oder 1806 entstandene Text wurde erst 1938 veröffentlicht.

25 Unter dem Datum des 27. Aprils 1837.

26 »Gefühl« steht hier für »émotion«. Die beiden Wörter haben einen vergleichbaren Wert, aber nicht genau die gleiche Bedeutung. Gefühl ist etwas Stetiges, »émotion« hingegen etwas Momentanes: eine Regung, eine Rührung, eine Ergriffenheit oder Erschütterung. Sie ist

ein *Geschehen*. »Gefühl« soll hier in diesem Sinne verstanden werden.

27 Siehe William Styron, *Sturz in die Nacht. Die Geschichte einer Depression*. Aus dem Amerikanischen von Willi Winkler. Kiepenheuer & Witsch, Köln 1991.

28 Siehe Primo Levi, *Die Untergegangenen und die Geretteten* (München, Hanser, 1990).

29 Henry Mottu, *Dietrich Bonhoeffer* (Paris, Cerf, 2002), S. 84. Siehe *Widerstand und Ergebung*, in: *Werke*, Band 8 (Gütersloh, Kaiser Verlag, 1998), S. 436: »Es wird eine Sprache sein, vielleicht ganz unreligiös«.

30 Zu Max Ernst: Ich denke vor allem an seine Collagen und die beigefügten Bildlegenden. Zu Luis Buñuel: Ich beziehe mich insbesondere auf seine Autobiografie, *Mon dernier soupir* (Paris, Laffont, 1982).

31 Kapitel 27.

32 Siehe Paul Valéry, *Cahiers*, Bd. 2 (Gallimard, Bibliothèque de la Pléiade, 1974), S. 1374.

33 Zitiert nach Jean-Claude Carrière, *Le Réveil de Buñuel* (Paris, Odile Jacob, 2011), S. 271.

34 Im Französischen kann mit »individu« auch ein »verdächtiger Kerl« gemeint sein.

35 Spinoza, *Ethik*, IV, Lehrsatz 35, Zusatz 2.

36 Ernesto de Martino, *La Terre des remords* (Paris, Gallimard, 1966).

37 Siehe Giuseppe Tomasi di Lampedusa, *Stendhal* (Paris, Allia, 2002), ein literaturkritisches Kleinod.

38 Brief an Balzac vom 16. Oktober 1840.

39 Siehe dazu die wertvolle Studie von Catherine Chevalley, *Pascal. Contingences et probabilités* (Paris, P.U.F., 1995).

40 *Bekenntnisse*, XI, XIV/17.

41 Ebenda, XI, XIV/20.

42 *Vermischte Bemerkungen 1797–1798*, in: *Werke*, S. 333.

43 Diese Gemälde befinden sich im Louvre, in der Londoner National Gallery und im Musée des Beaux-Arts von Nantes.

44 Ludwig Wittgenstein, *Vermischte Bemerkungen* (Suhrkamp, 1977). Die Bemerkung stammt aus dem Jahr 1929.

45 »La liberté n'est en somme que l'essor des facultés humaines. La vraie liberté, la *liberté puissance*, n'est pas seulement, comme le prétend l'école libérale du laisser-faire, le droit, mais bien *le pouvoir* de développer ces facultés sous l'empire de la justice et la sauvegarde de la loi.«

46 Vgl. Etienne de La Boétie, *Von der freiwilligen Knechtschaft* (Frankfurt am Main, Europäische Verlagsanstalt, 1980), S. 43.

47 *Essais* III, 13.

48 Ihre Vorarbeiten zu dieser Frage wurden 1985 unter dem Titel *Das Urteilen. Texte zu Kants politischer Philosophie* (München, Piper) veröffentlicht.

49 Siehe Hannah Arendt, *Vita activa oder Vom tätigen Leben* (München, Piper, 1987), S. 215. Hannah Arendt zitiert den berühmten Augustinus-Satz: »*Initium ergo ut esset, creatus est homo, ante quem nullus fuit* – damit ein Anfang sei, wurde der Mensch geschaffen, vor dem es niemand gab.« (*De civitate Dei*, XII/20.) Sie verleiht allerdings diesem Satz einen ganz anderen Sinn, als er im ursprünglichen Kontext besitzt.

50 Hannah Arendt, *Vita activa oder Vom tätigen Leben*, a. a. O., S. 300 ff.

51 Spinoza, *Ethik* IV, Vorwort.

52 Montesquieu, *Pensées, Le Spicilège* (Paris, Laffont, 1991), S. 658.

53 Siehe Claude Lefort, »Machiavel et la verità effettuale«, in: *Écrire à l'épreuve du politique* (Paris, Seuil, 1996).

54 *De l'esprit géométrique et de l'art de persuader.* Beginn des ersten Teiles.

Gefördert von Pro Helvetia, Schweiz.

schweizer kulturstiftung
prohelvetia

Erste Auflage Berlin 2017

MSB Matthes & Seitz Berlin Verlagsgesellschaft mbH
Göhrener Str. 7 | 10437 Berlin
info@matthes-seitz-berlin.de

Satz: psb, Berlin
Druck und Bindung: Art Druk, Szczecin
Umschlaggestaltung nach einer Idee von Pierre Faucheux
ISBN 978-3-95757-391-9

www.matthes-seitz-berlin.de